中国男子职业篮球俱乐部经营模式研究

李焓铷 著

北京体育大学出版社

策划编辑　佟　晖　潘海英
责任编辑　潘海英
责任校对　赵红霞
版式设计　李沙沙

图书在版编目（CIP）数据

中国男子职业篮球俱乐部经营模式研究/李焓铷著
．－－北京：北京体育大学出版社，2021.12
ISBN 978－7－5644－3506－6

Ⅰ.①中… Ⅱ.①李… Ⅲ.①篮球运动－俱乐部－经营管理研究－中国 Ⅳ.①G841.62

中国版本图书馆 CIP 数据核字（2021）第 255734 号

中国男子职业篮球俱乐部经营模式研究

ZHONGGUO NANZI ZHIYE LANQIU JULEBU JINGYING MOSHI YANJIU　　李焓铷　著

出版发行：北京体育大学出版社
地　　址：北京市海淀区农大南路 1 号院 2 号楼 2 层办公 B－212
邮　　编：100084
网　　址：http：//cbs. bsu. edu. cn
发 行 部：010－62989320
邮 购 部：北京体育大学出版社读者服务部 010－62989432
印　　刷：北京建宏印刷有限公司
开　　本：710 mm×1000 mm　1/16
成品尺寸：170 mm×240 mm
印　　张：7. 25
字　　数：132 千字
版　　次：2021 年 12 月第 1 版
印　　次：2021 年 12 月第 1 次印刷
定　　价：60. 00 元

摘　要

本文以一般企业普遍适用的经营模式理论为基础，主要运用了文献资料法、专家访谈法、问卷调查法、比较研究法及数理统计法等研究方法，对目前中国男子职业篮球俱乐部（以下简称“中国职业篮球俱乐部”）经营模式中存在的问题进行研究，并得出以下结论。

第一，职业篮球俱乐部具有企业法人的性质，是市场经济条件下的产物，经营的目的之一是盈利和实现职业篮球俱乐部的长远发展。本文主要从宏观层面对中国职业篮球俱乐部的经营模式进行研究，并结合中国职业篮球俱乐部经营内容的微观层面，对中国职业篮球俱乐部经营模式进行构建，构建主要包括四个方面：战略目标、盈利模式、管理体制和战略资源。

第二，从中国职业篮球俱乐部经营模式的现状来看，中国职业篮球俱乐部主要存在战略目标缺失、盈利模式欠缺、管理体制不健全、战略资源配置不合理等问题。其在战略目标方面表现为“摸着石头过河”；在盈利模式方面表现为盈利模式欠缺，俱乐部经营几乎全部亏损；在管理体制方面表现为“管办不分”，缺乏合理的组织环境；在战略资源方面表现为缺乏有效的配置。

第三，新构建的中国职业篮球俱乐部的经营模式，明确了战略目标的主要内容和步骤、盈利模式的内容和构成要素、管理体制的组织机构和权责划分、战略资源的主要内容和配置方式等。

在上述结论的基础上，本文提出了实现中国职业篮球俱乐部经营模式构建的基本路径。

第一，强化中国职业篮球俱乐部自主经营、自负盈亏的理念，成立中国职业篮球公司，给职业篮球俱乐部更多的经营权和自主权，真正做到中国篮球俱乐部的职业化发展。

第二，完善职业篮球俱乐部的管理体制，管办分离，权限明晰，积极建立职业篮球俱乐部管理人才培养体系、运动员培养体系，重视资源开发对职业篮球发展的作用，让职业篮球俱乐部资源得到有效配置。

第三，重视球迷和观众的需求，并始终以市场需求为导向，完善和发展中国职业篮球俱乐部的经营模式。

第四，目前中国职业篮球俱乐部正处于发展的初期，俱乐部不仅要盈利和持续发展，而且要承担为国家培养优秀篮球运动员的责任，因此国家应给予职业篮球俱乐部更多的优惠政策，扶持职业篮球俱乐部的发展，如减免税收和放宽上市融资条件等。

本文大部分的资料是在2013年底统计完成的，这几年体育事业发展迅速，有些资料也在不断地更新，出版此书的目的是为读者提供当时中国职业篮球俱乐部经营发展的真实状况，希望为相关专家学者后续的研究提供一定的参考。

关键词：中国；男子职业篮球俱乐部；CBA；经营模式

目 录 Contents

1 引 言

1.1 选题依据

党的十八大报告在加快完善社会主义市场经济体制和加快转变经济发展方式方面提出：坚持走中国特色新型工业化、信息化、城镇化、农业现代化道路，推动信息化和工业化深度融合、工业化和城镇化良性互动、城镇化和农业现代化相互协调，促进工业化、信息化、城镇化、农业现代化同步发展。经济结构转型、自主创新、扩大内需是未来中国社会经济全面发展的重点。在这个历史的转折期，体育事业迎来了前所未有的发展机遇。

过去30年，国家社会经济的快速发展取得了举世瞩目的成就，但是城镇化进程的快速推进，使得就业压力加大，大多数人的身心健康受到了严重的影响，许多年轻人的身体素质出现了明显下降，身体活动水平大幅下降，且每天摄入的热量急剧增加，近视患者、肥胖者、糖尿病患者急剧上升。这些疾病所产生的医疗费用将成为中国政府的沉重负担。

体育是朝阳产业，在中国经济社会转型期大有作为、大有前景。只有提高体育的经济力、社会力，即体育产业化及全民化；推动体育活动的科学化与优质化，丰富体育的内涵，转变体育的观念，使体育活动成为全民健康生活的一部分，体育事业才能可持续发展，才能有经济及社会基础，才能为国家培育新的消费增长点，才能减轻国家在青少年健康及社会养老方面的负担。体育具有健身性、教育性、娱乐性等多种属性，体育活动及产业的边际化、衍生化能够创造更多、更好的服务型新产品，可促进青少年健康快乐地成长，使就业及工作的压力得到及时释放，使社会的养老实质化、优质化。

中国男子篮球职业联赛（China Basketball Association，CBA）是中国较为成功的职业联赛，近年影响力逐渐提升，收视率、上座率及广告招商日趋活跃；另外，由于美国男子职业篮球联赛（National Basketball Association，NBA）的专业化、国际化使得篮球这项体育活动在中国民间及社会各个阶层有深刻而广泛的基础。为办好中国职业篮球俱乐部，探索可持续发展的道路，CBA 的经济力、社会力起到了示范带头作用，吸纳社会资本，进一步促进了其他联赛及体育产业的发展。

中国男子职业篮球俱乐部（以下简称“中国职业篮球俱乐部”）是 CBA 的基本组织形式，自 1995 年成立以来，虽然有了很大的发展，但是在经营管理方面一直没有质的改变，处于亏损状态。在中国职业体育中，以男子篮球为代表的职业化、市场化程度较高的项目，在联赛的办赛形式上更多地学习和借鉴了 NBA 的方式，在形式上貌似成熟的职业联赛，在组织、运营和管理方面却与真正的职业联赛有本质的区别。正是这些本质上的区别和差异，使我国的职业联赛很难再获得质的飞跃。笔者通过对俱乐部和国家体育总局篮球运动管理中心（以下简称“篮球管理中心”）有关领导的访问得知，现阶段中国职业篮球俱乐部在经营方面普遍存在政企不分，产权、职责不清等问题。这表明各俱乐部经营、管理体制存在漏洞，大部分俱乐部支出与收入不平衡，支出大于收入；中国职业篮球俱乐部的经营思路、途径、方式和手段还未形成完整的体系和稳定的市场。NBA 市场和经营模式已经成熟且稳定，俱乐部具有相应的经营权，而中国职业篮球俱乐部在篮球管理中心的管理下，只具有门票经营权、冠名权（包括球衣广告权），想要自负盈亏很难。构建适合国情的中国职业篮球俱乐部经营模式，必须依照具体国情、遵循市场规律和篮球运动的自身规律，不可能也没有必要完全照搬国外俱乐部的经营模式，要“取其精华，去其糟粕”，逐渐形成中国职业篮球俱乐部独特的经营模式。

本文对现阶段中国职业篮球俱乐部的经营模式进行研究，以期厘清中国职业篮球俱乐部存在的问题，了解影响中国篮球发展水平的因素，促进中国职业篮球俱乐部健康、稳步的发展。

1.2　研究目的

①对中国职业篮球俱乐部的经营管理人员进行调查，得出当前中国职业篮球

俱乐部的经营现状及存在的问题，构建适合中国职业篮球俱乐部的经营模式，使俱乐部按职业化方向持续发展，达到预期战略目标。

②职业篮球俱乐部经营模式一直是许多学者研究的焦点，他们把盈利模式作为研究视角，主要以微观研究为主。本文从战略目标、盈利模式、管理体制和战略资源等视角出发，以宏观研究为主，并结合微观方面的信息剖析职业篮球俱乐部的经营模式，以期为中国职业篮球俱乐部提供参考。

③职业篮球俱乐部是企业性质的组织，盈利是其基本目标。本文通过研究经营模式的相关要素，以期找出中国职业篮球俱乐部亏损的原因及解决办法。

1.3 研究意义

本文对已有的经营模式进行研究，得出适合中国职业篮球俱乐部发展的经营模式；对经营模式的相关要素进行归纳总结，得出相关要素之间的联系和作用，摆脱原有的思想束缚，全面考虑其影响要素和发展规律，以期为中国职业篮球俱乐部经营方面的有关问题提供理论参考，为中国职业体育俱乐部经营理念提供研究思路。

2 文献综述

2.1 基本概念

2.1.1 职业篮球俱乐部的相关概念

①职业。职业一般是指个人在社会中所从事的作为主要生活来源的工作。

②职业体育是指运动员作为劳动力受到俱乐部业主的雇佣，付出劳动，获得工资等收益。从此定义可以看出，职业体育是指参与者以体育作为主要的谋生手段①。张林的研究认为，职业体育就是在商品经济充分发展和体育市场不断扩大的条件下，自觉运用价值规律，利用高水平竞技运动的商品价值和文化价值，参与社会商品活动和社会文化活动，使职业运动员获得优厚报酬，并为社会提供体育和文化服务的一种活动②。业余体育指运动员或者运动队参加体育比赛是没有工资报酬的③，即指进行比赛或参与体育是因为自己乐于参加这样的活动，并不是为了获得报酬。

③职业篮球。职业篮球的性质首先是职业性的，参加者把篮球作为一种事业、追求和谋生的主要手段。它是以职业篮球俱乐部作为载体而存在的。

④俱乐部。俱乐部（又称会所，英文“club”）单从字面上理解就是人们聚集在一起进行娱乐活动的组织团体或者其场所，严格解释是具有某种相同兴趣的人进行社会交际、文化娱乐等活动的团体和场所。

---

① 钟秉枢．职业体育［M］．北京：北京体育大学出版社，2006：73.

② 张林．我国职业体育俱乐部发展前景［C］//国家体育总局中国体育发展战略研究会．全国体育发展战略研讨会论文集，1998：394.

③ 钟秉枢．职业体育［M］．北京：北京体育大学出版社，2006：73.

⑤职业体育俱乐部。职业体育俱乐部是职业体育的基本组织形式。职业体育俱乐部是一种经营高水平运动竞赛、开发训练竞赛及其附属产品、追求利润最大化的特殊经济组织①。职业体育俱乐部既然是一种经济组织，那它必然是以市场为导向，以满足观众需求、取得最佳经济效益来保持俱乐部的生命力②。简言之，职业体育俱乐部是一种以市场为导向，在现代企业制度的规范下建立起来的经营高水平运动竞赛，开发相应竞赛产品及其附属产品，并追求利润最大化的特殊的企业化组织。

⑥职业篮球俱乐部。职业篮球俱乐部是职业篮球的基本组成单位，是在一定的法律环境和社会环境的约束下，向公众提供篮球竞赛及相关产品的企业化组织，是一个自主经营、自负盈亏、自我约束、自我发展的法人实体。

2.1.2 经营模式的相关概念

①经营。在《辞海》里，经营有筹划经谋之意。在《现代汉语词典》里，经营有两个意思：一是指筹划并管理；二是指计划与组织。通过以上定义我们认为，经营是根据企业的资源状况和所处的市场竞争环境对企业长期发展进行战略性规划和部署、制定企业的远景目标和方针的战略层次活动。

②模式。《现代汉语词典》对“模式”的解释是：“某种事物的标准形式或使人可以照着做的标准样式。”但目前学术界在使用“模式”一词时，对其含义的理解和认识仍然是有分歧的。一种观点认为模式属于方法范畴，其中有的认为模式就是方法，有的认为模式是多种方法的综合；另一种观点认为模式与方法既有联系又有区别，各种方法在具体时间、地点和条件下表现为不同的空间结构和时间序列，从而形成不同的模式。从自然科学的角度看，模式研究法的目的是对研究对象进行观察、实验、模拟和理论分析，进而获取对研究对象更深刻、更本质的认识。

③经营模式。经营模式主要是指职业体育俱乐部在市场经济规律的指引下，为了实现自身的生存、发展和达到自己的战略目标所进行的一系列的经营活动方

---

① 鲍明晓. 体育产业：新的经济增长点［M］. 北京：人民体育出版社，2000：255.

② 刘涛，王荷英，陈群. 我国职业体育俱乐部市场竞争力的构建［J］. 辽宁体育科技，2003（6）：95－97.

式，主要包括战略目标、盈利模式、管理体制和战略资源。

④战略目标。战略目标是对企业战略经营活动预期取得的主要成果的期望值。战略目标的设定，同时也是企业宗旨的展开和具体化，是企业宗旨中确认的企业经营目的、社会使命的进一步阐明和界定，也是企业在既定的战略经营领域展开战略经营活动所要达到的水平的具体规定。

⑤管理体制。管理体制是指管理系统的结构和组成方式，即采用怎样的组织形式及如何将这些组织形式结合成为一个合理的有机系统，并以怎样的手段、方法来实现管理的任务和目的。职业篮球俱乐部的管理体制主要包括机构设置、权限划分和运行机制，其核心是机构设置。

⑥战略资源。战略资源是指企业用于战略行动及其计划实施的人力、物力、财力等资产的总和，其中也包括了核心竞争力和战略资产。战略资源是战略转化行为的前提条件和物质保证。

⑦盈利模式。盈利模式是指企业赚取利润的方式。

2.2 国内外有关职业篮球俱乐部经营方面的研究

2.2.1 国内有关职业篮球俱乐部经营方面的研究

我国竞技体育是从计划经济体制发展起来的，起初是单纯依赖国家，缺乏职业体育产生与发展的土壤和空间。改革开放以来，我国经济体制由计划经济向市场经济转变，沿用多年的体育管理体制也慢慢地在转变。1993 年，《国家体委关于深化体育改革的意见》提出了改革的总目标：改变原来在计划经济体制下，单纯依赖国家和主要行政手段办体育的高度集中的体育体制，建立与社会主义市场经济体制相适应，符合现代体育运动规律，国家调控，依托社会，有自我发展活力的体育体制和良性循环的运行机制，形成国家办与社会办相结合、集中与分散相结合的格局。1993 年，足球率先作为体育改革的突破口，多个城市的体委与企业联合建立了职业足球俱乐部，并颁布了相应的章程和若干规定。1994 年，职业足球俱乐部正式开始运作。1995 年，中国篮球协会（以下简称“篮协”）借鉴足球改革的成功经验，建立了全国男篮甲级联赛，成立了中国职业篮球俱乐部，开始了篮球的职业化进程。1996—1997 年，全国男篮甲级联赛有 12 家俱乐部参赛。1998—1999 年，篮协借鉴 NBA 的赛制和经营经验进行改革，颁布了相关的文件，规范了职业篮球俱乐部的发展。2006 年，篮球管理中心依照《中华人民共和国公司法》（2005 年修订，下同）要求参加 CBA 的各俱乐部必须是企业法人，参赛的俱乐部必须为某某俱乐部有限责任公司或某某俱乐部股份有限公司。

2.2.1.1 职业体育经营方面的研究

何先余等的研究比较了 NBA 与 CBA 在经营方面的差距，主要包括四个方面：组织机构、联赛质量、市场拓展和联赛的售后服务（回报社会）。其主要研究结论为 CBA 在比赛场馆运营中还存在许多不足，有的俱乐部比赛场馆达不到要求，灯光、音响等基本设施还存在问题；比赛对抗性不强，往往是紧张有余，精彩不足；啦啦队动作简单，缺乏创新节目；转播市场缺乏竞争性，CBA 转播画面单调，往往偏重全场，缺乏精妙配合、个人动作等的特写及回放。CBA 的市场推广和宣传力度远远不够，企业联办或并购俱乐部只是获得一个冠名，政府对职业俱乐部予以保护和给予企业一定的政策优惠；CBA 一些俱乐部追求短期效益，无暇顾及市场开发及俱乐部长远发展，球员和球迷之间缺乏交流，没有形成良好的公众影响①。当前，CBA 无论在管理上还是在经营上发展都很快，但同时也存在一些问题，需要进一步研究。

郑敬宣的研究认为，当代职业体育产业的经营模式主要分为两个层面：一是以门票销售为代表的传统经营模式；二是以电视转播费收入和体育广告赞助收入为代表的注意力经营模式②。该研究用注意力理论对职业体育产业经营模式从微观的角度，即盈利的角度进行分析。

耿松涛的研究主要将政府规制、产业特征、价值网络和企业盈利性作为分析公共企业经营模式的四个关键维度，其中政府规制和企业盈利性是从公共企业的属性中挖掘出来的，产业特征和价值网络则是从基础设施产业特征中形成的③。该研究从宏观和微观的角度，对公共企业经营模式进行研究，在理论上借鉴了国外比较著名的几个经营模式流派，并结合国外流派和国内公共企业的特征，确定了

① 何先余，刘东宁．从 NBA 看 CBA 的产品经营［J］．沈阳体育学院学报，2004（2）：194－196.
② 郑敬宣．注意力经济背景下职业体育产业经营模式分析［D］．北京：北京体育大学，2010.
③ 耿松涛．公共企业经营模式的研究：基于水务行业的分析［D］．天津：南开大学，2010.

公共企业经营模式的研究维度。从以往对经营模式研究的文献中可以看出，国内体育行业在研究经营模式时，比较注重微观层面的研究，而国外企业在研究经营模式时往往是微观与宏观相结合。只有微观层面的研究，没有宏观层面的研究，对企业的发展作用不大；而只有宏观层面的研究，没有微观层面的研究，企业的发展也只是一句空话，必须将微观与宏观相结合，才能使企业发生本质上的改变。该研究主要采用的是宏观与微观相结合的方法，即系统地对中国职业篮球俱乐部在经营中所涉及的问题进行研究，而不是对职业篮球俱乐部的某一部分进行研究。

2. 2. 1. 2 职业篮球俱乐部战略目标的研究

陈钧的研究认为，篮球职业化的发展既要满足通过职业篮球运动获得经济方面的效益，又要满足职业篮球运动带来的社会效益；既要满足当代人的需求，又不对后代人的需要构成危害；既要满足本专业领域发展的需要，又不对其他体育专业乃至其他行业构成危害。简言之，中国篮球职业化可持续发展是经济、社会和人力资源等要素组成的复合系统①。职业篮球要以人为本，才能可持续发展，这也是所有职业篮球俱乐部所必须认识到的。

张文健的研究认为，职业体育俱乐部是经营实体，创造利润是其终极目标，实现俱乐部的目标很大程度上要依赖于人力资源的利用，经理人的任务就是组建稳定的人才队伍并培育优秀的团队文化，这样团队的长远利益就不会因为个别人的离开而遭受损害②。

陈元欣的研究认为，河南建业足球俱乐部股份有限公司的经营宗旨是：遵循人民足球、文化足球、产业足球的经营理念，全面提高俱乐部的经营管理和竞技水平，培养足球职业经理人队伍；提高和完善俱乐部的文化、娱乐和商业功能，进行足球产业链的开发；使河南省逐步发展成足球大省、足球强省；在为社会创造价值的同时，实现公司的发展目标和自身价值③。经营宗旨是战略目标的展开，职业体育俱乐部应该在提高竞技水平的同时，发展俱乐部文化，为社会创造价值，并普及职业体育项目。

鲍明晓的研究认为，职业体育的目标是初步建立具有中国特色的职业体育管

---

① 陈钧．中国篮球职业化可持续发展战略研究［D］．北京：北京体育大学，2001.

② 张文健．职业体育组织的演进与创新［M］．北京：北京体育大学出版社，2006：110.

③ 陈元欣．职业体育俱乐部融资：理论与实务［M］．北京：北京体育大学出版社，2008：86.

理体制，即政府监管，单项运动协会主导，各参与主体自主自律的管理体制；初步形成比较健全的职业体育市场体系，形成多种所有制共同发展职业体育的格局，形成职业体育与城市发展相互促进、协同发展的格局；显著提高我国职业体育国际竞争力①。该研究主要研究职业体育的阶段性目标，认为职业体育只有建立适应职业体育发展的管理体制，才能形成职业体育市场。

战略目标是职业体育发展的首要组成部分，战略目标使企业的努力方向更加明确，并能体现企业的具体期望和行动纲领。制定战略目标是制定企业战略的前提和基础，如果一个企业没有合适的战略目标，则势必使企业经营战略的制定陷入盲目的境地。从查阅的文献可以看到，职业体育的战略目标已经形成文字，有许多学者在不断地研究并进行改善。而关于职业体育俱乐部的战略目标的研究还是比较少的，文献中对职业体育俱乐部的战略目标的研究一般限于俱乐部盈利，实际上盈利并不是俱乐部的战略目标，但俱乐部只有在盈利的情况下才能更好地实现战略目标。

2.2.1.3 职业篮球俱乐部管理体制方面的研究

有关资料表明，中国体育管理体制的发展经历了以下几个阶段。

①计划管理体制阶段（1978—1992 年）。此阶段体育产业的管理体制尚不健全，许多体育产业经营组织是由体育系统的事业单位转变过来的，它们按照传统的计划经济体制对体育产业进行管理。这些事业单位一方面是体育产业的管理部门，另一方面是体育产业的经营部门，政企不分现象突出。

②市场化管理体制探索阶段（1993—1996 年）。此阶段社会主义市场经济有了很大的发展，体育领域受到了市场经济的冲击，其以足球运动为先导进行了职业体育俱乐部的探索。篮球、排球、围棋也相继成立了职业体育俱乐部。

③市场化管理体制发展阶段（1997 年至今）。此阶段体育产业的管理体制发生了较大的转变：一是从计划管理体制逐渐向市场管理体制转变；二是从政府参与具体事务的微观管理层面，逐步上升到宏观管理层面，俱乐部职业化的管理体制慢慢转变。

赵芳的研究主要从管理体制、门票、球员转会、电视转播权四个方面对中国

---

① 鲍明晓. 中国职业体育评述［M］. 北京：人民体育出版社，2009：225.

职业篮球俱乐部进行了研究，提出中国职业篮球俱乐部应该深化体制改革、提高联赛竞技水平、完善球员转会制度的建议①。随着篮球俱乐部职业化进程的加快，当前的俱乐部管理体制已不能很好地适应职业篮球的发展，在改革的基础上求发展才是职业篮球俱乐部的可行之路。

杨铁黎的研究认为，中国职业篮球俱乐部的组织机构包括办公室、运动队管理部、竞赛部、经营开发部、青少年发展部五个中层机构和国家队。办公室主要负责篮球管理中心的党委工作、宣传工作、人事安排、外事活动和后勤工作等；运动队管理部主要负责国家队的集训、参加国际性的比赛和各个职业俱乐部的管理工作；竞赛部主要负责职业篮球联赛、商业性比赛及全运会的篮球比赛等竞赛管理和裁判组织管理工作；经营开发部主要负责篮球市场的经营开发，以及制定篮球市场的经营法规；青少年发展部主要负责我国青少年后备力量的培养②。由此可见，中国职业篮球俱乐部的组织结构所设部门太少，分工不精细，有的部门还没有设立，如球队资本运营部门及财务部门等。

何斌的研究认为，应尽可能从管理体制、政策和营销上刺激市场需求的增长；影响观众欣赏性需求的关键因素是门票的价格③。目前，体育管理体制是影响中国体育职业化的一大因素，如何才能建立适应职业体育俱乐部发展的管理体制，还需要不断地探索和研究。

管理体制的研究始终是体育领域研究的焦点。职业体育管理体制存在着组织机构不合理、产权形式混乱、权责不清晰等问题，因此许多学者认为中国职业篮球俱乐部应施行市场管理。

2.2.1.4　职业篮球俱乐部盈利方面的研究

何蕊等的研究分析了现阶段我国职业体育俱乐部的经营现状及存在的主要问题，并借鉴国外职业体育俱乐部的成功经验，提出了“核心产品经营、外围产品经营、无形资产经营”的经营模式运作④。

---

① 赵芳．中、美职业篮球俱乐部之比较［J］．首都体育学院学报，2001（1）：63－67，68.

② 杨铁黎．职业篮球市场论［M］．北京：北京体育大学出版社，2003：80.

③ 何斌．中国职业篮球竞赛市场需求的研究［J］．体育科学，2007（8）：86－95.

④ 何蕊，何伟．对我国职业体育俱乐部经营模式的探讨［J］．体育成人教育学刊，2005（2）：34－35.

王郓的研究通过对当前职业篮球竞赛市场特征和运行现状的深入分析，探寻篮球竞赛市场运行的内在机理。其主要内容包括我国职业篮球竞赛市场的参与主体现状，我国职业篮球竞赛市场的价格机制、供求机制、委托代理机制及其存在的问题和应对措施[①]。

冯维玲等的研究主要从调查企业形式、CBA 的球员来源、CBA 的盈利状况和俱乐部的发展阶段等方面研究 CBA 俱乐部的运营状况，并提出相关的发展意见，主要包括开发电视转播、培养专业人才和规范法律制度三个方面[②]。

国内学者对盈利模式的研究比较多，研究的内容具有相同点，即中国只有少数俱乐部盈利，大多几乎不盈利，盈利点主要是门票和广告等。

2.2.1.5 职业篮球俱乐部战略资源的研究

蒋明朗等的研究提出，中国职业篮球俱乐部对外籍球员的上场时间和人数有限制，再加上每年联赛举办的场数比较少，客观上造成了中国篮球联赛的水平不高，影响比赛的观赏性。我国拥有数亿青少年，如果加以正确地引导，可以形成任何国家都难以比拟的人才富矿[③]。如果能引进高水平和具有一定知名度的球员，联赛的水平不仅会有很大的提高，而且会吸引更多球迷尤其是青少年参与到体育运动中，进而为篮球运动的发展储备人才。

郭振玺的研究认为，媒介传播能够使企业更加有效地把商品放在消费者的心里，能够营造消费的市场，激活整个企业经营链。品牌在行业中的实际排名不重要，在消费者心目中的排名最重要[④]。

余来文等的研究认为，企业战略的主要内容是如何培育企业独特的战略资源，以及最大限度地优化配置这种战略资源的能力。在企业竞争实践中，每个企业的资源和能力是不同的，同一行业中的企业也不一定拥有相同的资源和能力。这样，企业在获得战略资源和运用这种战略资源的能力方面的差异，就成了企业竞争能

---

① 王郓．中国职业篮球竞赛市场的运行机制研究［D］．北京：北京体育大学，2006.

② 冯维玲，许彩明．CBA 职业体育俱乐部运营状况及发展对策研究［J］．山东体育科技，2011，33（2）：67－69.

③ 蒋明朗，王永鹏，余燕，等．NBA 经营模式对中国职业体育的几点启示［J］．山西师大体育学院学报，2004（1）：20－22.

④ 郭振玺．媒介是企业的战略资源［J］．大市场・广告导报，2005（1）：115.

力的源泉①。战略资源具有其他企业很难模仿的优势，具有差异性的特点。

余来文等的研究认为，企业战略资源的内容主要包括企业信誉资源、技术资源、信息资源、关系资源和人力资源等。信誉资源是指商标、公司品牌和企业形象等无形资产。技术资源是指企业的产品开发和技术改造的力量是否具备，企业与科研单位、高校的合作是否广泛，企业的技术储备是否能在同行业中处于领先地位等。现代企业的每项生产经营活动都离不开信息，信息技术的迅速发展，使得信息已变成一种丰富的可重复使用的资源。企业的生存离不开内外部联系，与内外部利益相关者建立良好的联系，可以帮助企业顺利获取资源，销售产品，提高企业适应环境的能力。企业人力资源的差别是一切有形和无形资源差别的根源，人力资源是企业首要的战略资源②。人力资源是职业篮球俱乐部最重要的资源，它决定着其他资源的可利用效率。

马永鑫的研究指出，CBA 应该将管理与运营分开，建立系统的人才培养体系，与媒体合作，引进外援和以球迷为中心③。人才培养体系的建立是现阶段中国职业篮球俱乐部面临的严峻问题。

在职业篮球俱乐部的研究中，有关战略资源的研究很少。企业的战略资源根据企业的性质和产品的不同而有很大的区别，但也有许多共性。职业体育俱乐部属于服务业，在产品的生产和产出过程中，人起着关键的作用，因而人力资源是最重要的资源。

2.2.1.6 小结

文献资料的总结与整理发现，在 20 世纪 90 年代中国处于从计划经济向市场经济的转变过程中，职业篮球联赛迅速发展，中国职业篮球俱乐部的经营方面的研究引起了体育界广大学者的关注。他们一般是从微观层面对俱乐部的盈利方式进行研究，而从宏观层面的研究很少；另外对于战略目标、管理体制、战略资源和盈利模式四个方面的研究，虽然单独研究某领域的文献较多，但是对职业俱乐部

① 余来文，陈明．管理竞争力：基于战略、管理与能力的整合［M］．北京：东方出版社，2006：49－55.

② 余来文，孟鹰．动态环境下企业战略资源的整合与利用机制［J］．贵州财经学院学报，2006（6）：52－55.

③ 马永鑫．论美国职业篮球联赛运营策略对中国职业篮球联赛的启示［D］．长春：吉林大学，2010.

的研究仍显不足。本文从宏观与微观层面对现阶段俱乐部经营方面存在的问题进行研究。

2.2.2 国外有关职业篮球俱乐部经营方面的研究

1891 年，美国人詹姆斯·奈史密斯博士为了给学生们找到一种适合在冬季进行体育锻炼的方式，在春田学院用两个漏底的筐和一块布做的足球创造了篮球运动。鉴于篮球比赛中暴力冲突不断，基督教青年会不再支持和鼓励开展篮球运动，那些篮球爱好者只好另外找场地打球，他们中的一些人开始不仅把篮球作为娱乐和锻炼的手段，也作为赚钱谋生的手段，这就是职业篮球运动的萌芽。在第二次世界大战结束以后，美国军火商利用战争大发横财，人们越来越渴望精神生活的享受，也亟须一些娱乐活动来冲淡战争的阴影，这时曾经举办过冰球运动的两位经纪人开始筹办篮球联盟，并组织了首场篮球比赛，在举行比赛的当天，赛场吸引了大量的观众，为了满足观众的需求，他们成立了全美篮球协会（Basketball Association of America，BAA），BAA 是 NBA 的前身，这期间也有许多篮球联盟成立，但由于种种原因都先后解散了。

BAA 成立联盟后，就组织了第一赛季的联赛，由于没有宣传，第一赛季的收入比较少，并且有几支球队先后退出了联盟；第二赛季只剩下 7 支球队，比赛场数也减少了，俱乐部的收益较少，直接影响了 BAA 的生存。此时经营者开始意识到宣传的重要性，开始加强宣传，与媒体合作，并且提高比赛的观赏性和增加竞争的激烈性，推出球队明星，因此比赛受到越来越多观众的喜爱，特别是受到了大学生的喜爱。1948—1949 年，美国的全国篮球联盟（National Basketball League，NBL）的球队合并到 BAA 球队并改名为 NBA，从此 NBA 走上了完全职业化的道路。在 NBA 职业化的过程中，经营者对俱乐部的产权进行界定，每个俱乐部都要有自己的球馆，对每个队的比赛场数做了严格的规定，并对赛制进行改革。虽然做了一系列的工作，但仍然没有提高球场的上座率。后来，经营者改变规则，加快比赛的节奏，使比赛更加激烈、节奏更快、更富有悬念，因此很快又受到了大众的喜爱。在比较困难的时期，他们主要通过增加比赛的场次来维持经营，如 1967 年共有 12 支队伍，而比赛场次增加到 82 场；此外，加强与媒体合作，加大宣传，提高赛事水平和质量，包装球星，并通过扩大 NBA 的市场范围，打造品牌。

到了20世纪70年代，俱乐部的经营者开始重视开发人才，使NBA的管理和经营更加专业化。20世纪80年代随着电视、网络媒体的发展和NBA水平的不断提高，越来越多的观众开始喜欢观看篮球赛事，NBA在美国几乎家喻户晓，此时的经营者制定了更清晰的规章制度，目的是避免某些俱乐部采取一些手段做出对联盟发展不利的事情，保证NBA健康、持续的发展。

20世纪80年代以来，NBA的崛起与大卫·斯特恩的管理是密不可分的。在70年代末，由于毒品及暴力事件的影响，NBA的名声扫地，如1977年12月9日，湖人队主场对阵火箭队，火箭队的柯纳特与湖人队的克米特·华盛顿发生打斗，当时还是火箭队队员的汤姆贾诺维奇在被误挨一拳后，使得汤姆贾诺维奇在球场地板上昏迷了足足三分钟，然后被人抬走，险些丧命。为此许多观众对NBA的兴趣大打折扣，NBA也遭受了巨大的损失，可以说NBA遭遇了发展的低谷。此时，刚接替总裁职位的大卫·斯特恩为了使NBA能够可持续发展，指出要塑造质量高、形象好、信得过的产品，并提出了NBA的战略目标，即转播NBA、组建“梦之队”和向全球招募球员等[①]。在此后的几年里，NBA正是在这个战略目标的指引下，成了家喻户晓的篮球联盟，并在全球招募了许多优秀球员，成立了人们喜爱的篮球“梦之队”。纵观NBA的发展可以看出，战略目标的制定对其丰功伟绩的取得起到关键作用。

2.2.2.1　国外职业体育经营方面的研究

蒋明朗等的研究认为，NBA不仅是世界上水平最高的篮球联赛，而且是世界上最成功的职业联赛之一。经过几十年的发展，NBA的业务遍及全球，近年来营业额都在百亿美元以上，而且NBA同欧洲职业俱乐部的经营管理有很大区别。该研究通过分析NBA经营管理方面的理念，结合中国的具体国情，得出以下结论：从中国国情出发，加强基础建设和人员培养；放宽对引进外援的限制，加大青少年运动员的培养力度；以现代企业制度管理职业体育，建立良好的市场运行机制[②]。

高群盛的研究总结出了NBA经营的成功经验，即“职业联盟卡特尔”（卡特

① 张文建．职业体育组织的演进与创新［M］．北京：北京体育大学出版社，2006：107.

② 蒋明朗，王永鹏，余燕，等．NBA经营模式对中国职业体育的几点启示［J］．山西师大体育学院学报，2004（1）：20－22.

尔通常指工业界的一种垄断组织，该类组织具有控制某一产品的垄断权力，如限价、限制工资、控制产品等）的组织机构与市场运作、严格的法规制度和注重人才的主导作用。从经营方式上看，NBA 的主要经营方式有：内涵经营包括门票和球员工资；外延经营包括争取赞助、出售电视电台转播权、出售广告权、生产和销售自己品牌的产品、发展会员、出售彩票、发行股票等；全球化的经营战略包括全球化的经营与报道、全球化的合作伙伴、赛事的全球化和球员的国际化①。

傅志龙的研究提到，2005 年 NBA 的 30 支球队平均价值达到了 3.26 亿美元，平均增长率为 9%。尤其是大卫·斯特恩接任以来，NBA 从美国一个小小的地区性联赛，发展成为如今其产品和知名度遍布全世界的篮球职业联赛，并且已成为众多商业模式教程的经典案例之一。NBA 始终遵循着商业与篮球的完美结合，这已经成为现代职业体育的基本法则。NBA 通过投资者股权、完美有效的体制（行为中所提到的各种规则限制）、完善的利润分配体制和公司化的运营方式，铸就了这一成功的篮球联赛②。NBA 的成功之处在于遵循着商业与篮球的完美结合，把企业的经营理念运用到篮球中，通过体制加以束缚，形成了 NBA 成功的经营模式。

国内许多学者对 NBA 的经营模式进行了详细的研究。从 1995 年中国男子篮球甲级联赛成立，中国职业篮球俱乐部就已经成立了，虽然在前进的过程中遇到许多挫折，但是在全国人民的努力下，中国职业篮球的发展保持着昂扬的斗志。中国职业篮球借鉴了 NBA 的经营发展方式，取得了一定的成果。然而，NBA 是在市场经济体制下发展起来的，CBA 是在计划经济体制下发展起来的，虽然两者的发展历程差异很大，但目前都是市场经济下的产物。纵观 NBA 的发展，经历了假球、黑哨、打架等损坏球队形象的事件，也经历过经营惨淡的时期，但是由于 NBA 对市场及自身问题及时做出调整，使 NBA 能够走出困境，走向成功。

2.2.2.2 职业篮球俱乐部战略目标的研究

美国职业篮球俱乐部的战略目标是成为世界上最成功和最受尊敬的职业体育运动联盟，其主要遵循两个原则。其一，进一步促进篮球运动的发展。其二，其俱乐部、队员及联盟具有很强的社会责任感。他们追求更加完美，把对篮球的热

---

① 高群盛.NBA 职业篮球俱乐部的经营方式探析［J］. 江苏海洋大学学报（人文社会科学版），2005（4）：59－61.

② 傅志龙. 美国男子职业篮球联赛（NBA）运营模式的探究［J］. 中国商界，2010（7）：171－172.

情投入到支持此项运动及其发展商业化的行动上。他们尽全力把每项任务做好，反映在起始、计划和执行的每一阶段的质量及关注度上。他们相信机会均等，包括职业发展和做正确决定的机会。他们认可工作的必要性，但是也不否认生活的重要性，二者兼顾。他们在生活和工作上随时随处都遵循以下价值观——团队、创新、合作和尊重。

美国职业体育组织管理的目标主要是在观众、运动员、俱乐部、联盟、媒体和政府等多层面复杂关系的网络中，按照市场规律和美国法律达成一种双赢的结果。毫无疑问，观众是出钱者，运动员是具有特殊技能的劳动者，而俱乐部、联盟和媒体是所有者和经营者，政府则是法律的制定者和运动竞赛表演市场的监督者①。

通过 NBA 的战略目标可知，俱乐部有明确的社会使命感和社会责任感，并不断完善自己的目标，使俱乐部向更好的方向发展。

2.2.2.3 职业篮球俱乐部管理体制的研究

杨铁黎的研究提到，美国职业篮球联盟的组织机构主要有 NBA 董事会、总裁办公室、NBA 总部、NBA 娱乐公司、NBA 资产公司、NBA 电视与媒体公司、美国国家女子篮球联盟。NBA 总部最高权力机构是总裁办公室，该办公室下设 10 个大部，包括行政管理部、内外联络部、大型活动部、财务部、人力资源部、法律事务部、篮球运营部、球员培训部、安全保卫部、球队服务部。其中，球员培训部负责球员在赛季之外的商业和理财的培训和实习，使球员在运动生涯结束后可以继续从事其他的工作；球队服务部是帮助每个下属俱乐部处理各种事务的机构，每个俱乐部都有一名联络员②。NBA 联盟的组织机构比较健全，涉及联盟发展所需要的各个部门，能给联盟和所有参赛的俱乐部提供服务和有力的保障。

凌平等的研究认为，美国职业篮球俱乐部的管理体制是典型的市场经济国家的产物，其管理体制主要有以下特点。其一，政府不设专门管理机构，而且极少直接资助体育。其二，在体育法律制度许可范围之内，提供丰厚的奖学金，吸引有运动天赋的中学生报考。他们在高校竞技体育系统继续接受训练，有望成为美

① 凌平，何正兵. 美国职业体育管理体制初探［J］. 体育与科学，2003（1）：5.

② 杨铁黎. 职业篮球市场论［M］. 北京：北京体育大学出版社，2003：80.

国国家队和职业俱乐部的优秀运动员。美国高校对教练员实行聘任制，完全依靠市场化的训练体系。美国职业篮球联盟主要由各种社会组织管理美国的高校系统、职业体育联盟及全美奥委会在各自的范围内开展竞技体育（职业的和业余的）。社会的广泛参与，推动了美国竞技体育的发展。美国高校为了获得最大的经济利益，在所有权、经营代理权、经营措施、比赛制度等方面都围绕市场的要求做了一些特殊规定①。在职业篮球联盟的管理下，球队老板组成董事会，总裁是首席执行官，以有效保证全联盟利益的最大化。这些特殊规定对保证职业篮球的长期健康发展是非常重要的，但是，美国职业篮球的管理体制是以市场经济为基础，在国家整体实力和人均国内生产总值水平较高、体育组织成熟、参与竞技体育管理的主体多元化等形势下生存发展的，发展中国家往往不具备这些条件。

田文学等的研究提到，美国的俱乐部内部分工细致明确，各部门分管各项事务。这些部门包括竞赛部、经营部、财务部、推广部、行政管理部、联络部、法律服务部等。各个部门相互配合，共同为其俱乐部和球队的发展服务②。

唐峰的研究认为，美国的体育管理体制在形态上是建立和完善联盟体制，其运行机制有效地协调了观众、球员、职业运动队、联盟、媒体、赞助商和政府之间的利益关系，而相对完善的市场法规在制度上保障了这种体制的有效运行③。美国的体育管理体制的成功有许多因素，包括联盟、商场法律制度、优越的体育发展环境、文化观念、国家对体育的重视等。

黄大卫的研究认为，NBA 联盟取得如此巨大的成功与其清晰的产权制度是密不可分的，清晰的产权使各个俱乐部有了明确的激励机制和约束机制，即激励各俱乐部的所有者、管理者、经营者更加努力地工作。当前，美国职业篮球俱乐部的所有权形式分为私人所有形式和公众公司形式。其中，私人所有形式的球队占了绝大多数，共有 28 支球队属于这种形式，占整个联盟的93.3%；公众公司形式的球队共有 2 支，占整个联盟的 6.7%④。

---

① 凌平，何正兵．美国职业体育管理体制初探［J］．体育与科学，2003（1）：5－7.

② 田文学，刘薇，田学礼．中美职业篮球俱乐部对比研究［J］．南京体育学院学报（社会科学版），2004（2）：91－93.

③ 唐峰．中国足球管理体制改革的理论研究［D］．北京：北京体育大学，2006.

④ 黄大卫．NBA 与 CBA 俱乐部产权关系对比分析［J］．赤峰学院学报（自然科学版），2011，27（4）：116.

NBA 的产权结构明晰，从联盟到俱乐部各部门分工明确，政府不参与，俱乐部自主经营，自负盈亏。

2.2.2.4 职业篮球俱乐部盈利方面的研究

王波等的研究认为，俱乐部的盈利要推广到其他产业领域，曼联足球俱乐部通过经营范围的扩大，经营额曾连续四年位居世界十大足球俱乐部之首。它所涉足的领域已经不仅仅局限于和足球有关的领域，也不单是销售俱乐部球衫和纪念品等商品，其业务已经扩展到储蓄及抵押贷款等金融领域，住宅保险、汽车保险和旅行保险等保险领域①。职业体育俱乐部可以通过品牌推广，将收入范围扩大到其他产业，使俱乐部收入多元化。

黄晓灵等的研究显示，欧美职业俱乐部的收入来源有三大支柱，即门票、广告和赞助、电视转播。其中，门票占总收入的45% ~50%，电视转播约占总收入的30%，广告和赞助约占总收入的15%，其他约占总收入的5%②。

李征的研究认为，NBA 球队将全国（美国）与全球电视转播权、部分赞助与授权产品经营等业务交由联盟经营，其余部分则自己开发经营，这部分包括主场比赛门票、地方电视转播权与电台转播权、场馆经营（冠名权、广告、停车、出租等）、球队赞助、球队授权产品、纪念品与球衣销售、球员及教练员工资等。不同俱乐部之间收入差距大，差距来源于球队对下列项目的经营：主场比赛门票、地方电视转播权、场馆经营、球队赞助、球队授权产品、纪念品与球衣销售、球员工资等。反映球队利润的运营收入并没有大幅增长，原因在于球队支出增加或是球队经营者将利润转移到其他地方，以便在劳资谈判中掌握主动或争取更多的公众资助。NBA 通过对全国（美国）电视转播、联盟的赞助、授权产品收入进行球队间分配，一定程度上实现了高收入球队对低收入球队的资助，达到了球队间收益共享，进而确保联盟的竞争均衡性。联盟作为资方代表限制球队在球员工资上投入过多，确保资方的收益。季后赛奖金制度客观上提高了比赛的质量③。NBA 各俱乐部的经营权限比较多，能够自负盈亏，而中国职业篮球俱乐部经营权限比较少，要保证俱乐部自负盈亏非常难。

---

① 王波，张忠林，李生民．足球俱乐部盈利模式分析［J］．广州体育学院学报，2003（6）：31 – 33.

② 黄晓灵，黄菁．职业体育俱乐部的经营收益［J］．体育学刊，2005（1）：42 – 45.

③ 李征．对 NBA 盈利模式的研究［D］．北京：北京体育大学，2010.

NBA 的主要收入方式包括：本赛季常规赛门票、转播权、表演赛收益、季后赛门票、特许经营销售、停车、赞助商、团队促销、竞技场俱乐部、夏令营、非 NBA 篮球比赛、吉祥物和舞蹈队出场、饮料销售权、表演场地的标志、豪华套房、舞台冠名权。

另外根据 NBA 官方网站统计，30 支参赛队伍中平均每场比赛有观众 17273 人次，2010 年 NBA 联盟收入是 43 亿美元，运营开发收入是 1.75 亿美元，平均每支球队总收入为 3.93 亿美元。

国外职业体育俱乐部的收入形式是多元化的，俱乐部具有能够使自身盈利的多项经营活动，如职业篮球俱乐部具有地方电视转播权、门票、场馆经营、球队广告、球衣销售等，而职业足球俱乐部的经营权限更是多元化的，涉及金融、房地产和保险等领域。

2.2.2.5 职业篮球俱乐部战略资源的研究

毕海萍的研究认为，用科学发展观指导企业人才建设是加强企业宏观管理、提高企业经济效益的重要举措。该研究对 NBA 人才资源的管理做法和经验进行总结与分析，对加强企业人才建设有所启示①。NBA 的用人制度规范，不管在选人、用人上还是在考核机制上都起着重要的作用。

曾经具有 NBA“常胜将军”之称的皮蒂诺说：“最终波士顿火箭队的失败是由于错失了好的选秀权。”“NBA 强队能够胜利的原因是有好的球员，没有好的球员，再好的教练员也没有用。”NBA 选秀制度规定：选秀会每年进行两轮，每轮每支球队可以挑选一名球员，也就是说每年每支球队可以在两轮选秀中选择两名球员。在选秀中越是顺序靠前的球队，越有机会选走更好的球员。这种机制可以保证 NBA 联盟中实力相对弱一点的球队具有优先选秀权，以选择优秀的球员来增强自己的实力；使各队的实力均衡，比赛悬念更大，竞争更加激烈，观众也比较喜欢。

张旭渝的研究认为，NBA 之所以长盛不衰是因为它有一支庞大的后备军，有一个完整、严密、层层衔接的人才选拔培养体系。在美国，大约有 200 万中小学生接受较为系统的篮球训练，约有 5 万大学生进行正规的篮球训练，这为 NBA 的发展打下了坚实的基础。NBA 的现役球员、管理层及其他工作人员，包括篮球啦啦

---

① 毕海萍．从 NBA 人才管理中得到的启示［J］．包钢科技，2006（5）：78－80.

队队员都会有定期和不定期的多样化培训、学习，以开发、挖掘球员及所有工作人员的最大潜能，为 NBA 这个庞大的商业组织服务①。该研究对 NBA 人力资源的开发、培训、绩效管理和薪酬进行分析，并把 NBA 的人力资源管理优势运用到中国中小企业的人力资源管理上。

周永佳的研究认为，在 NBA 工作本身就是给员工进行培训和职业规划的最好平台，员工只要在办公室并不需要重回学校就能接受最实用的教育。良好的工作氛围经过网络传播，使申请去 NBA 工作的人才络绎不绝，于是 NBA 专门提供了针对“研究生、本科生和高中生”三个不同层次的工作和实习机会，形成良性循环。良好的企业氛围和形象管理有助于积聚组织的无形资产。现代社会组织的总资产概念已从“固定资产 + 流动资产”转变为“有形资产 + 无形资产”。良好的信誉（包括商标、商号等品牌标识）、较高的知名度和美誉度、和谐的公共关系及优秀的组织文化等都是组织的无形资产②。NBA 之所以拥有世界一流的体育组织管理人才，是因为拥有良好的工作氛围、良性的人才循环机制。有形资产（固定资产）和无形资产（品牌、文化、知名度、公共形象）的高效使用，更是 NBA 不断发展壮大的重要因素。

NBA 相对于其他国家的职业篮球俱乐部来说，具有很强的资源优势，其拥有优秀的篮球运动员、裁判员、俱乐部管理人员，现代化的标准场馆，合理的选秀制度和后备人才培养机制等。

2.2.2.6 小结

美国职业篮球俱乐部从产生到发展成熟，是随着市场经济的发展而发展的。俱乐部早已脱离了依靠广告收入来支撑的初级阶段，其收入来自电视转播权、彩票、门票、广告、球队附属产品等。职业联盟是不允许俱乐部一股独大、完全控股的。俱乐部具有明确的组织机构和清晰的产权。NBA 的战略目标主要是成为世界最受欢迎和最受尊敬的职业体育联盟。NBA 在经营中比较重视赛事产品质量、品牌营销、市场开发、球迷的消费利益等方面。NBA 的盈利模式主要是联盟 + 俱乐部模式。联盟主要经营全国（美国）与全球电视转播权、部分赞助与授权产品，

---

① 张旭渝．NBA 人力资源管理对我国企业管理的启示［J］．体育成人教育学刊，2007（4）：32－34.

② 周永佳．美国职业篮球联赛资源配置制度现状的研究［D］．广州：华南师范大学，2007.

俱乐部经营主场比赛门票、地方电视转播权与电台转播权、场馆经营（冠名权、广告、停车、出租等）、球队赞助、球队授权产品、纪念品与球衣销售、球员及教练员工资等。NBA 有将近百年的历史，发展并不是一帆风顺的，攀过高峰也走过低谷。

2.2.3 结论

CBA 和 NBA 的历史形成过程有很大的差异。CBA 是政府领导、组织形成的职业篮球俱乐部，它的形成模式是自上而下的；而 NBA 的历史发展过程是由基层一步一步地发展而形成的，它的形成模式是自下而上的。在管理体制方面，CBA 与 NBA 也存在很大的差异性。两个国家的政治、经济形态不同，中国是社会主义国家，美国是资本主义国家，各种社会组织与制度之间的相互作用及正式与非正式制度之间的比例能够影响一个国家的企业体制①，企业尚且如此，职业体育俱乐部本质上是企业的一种形态，国家政治经济形态的不同导致俱乐部的管理体制也是不同的。在盈利模式上，CBA 与 NBA 的主要差异是电视转播权。从形成的时间来看，中国职业篮球俱乐部属于起步阶段，而美国的 NBA 已经有近百年的历史，因此，对我国职业体育的发展要从历史唯物主义的观点加以审视，我们的发展时间短，而且是在市场经济转型期，出现一些问题也是必然的。我们应该逐步完善职业体育发展的机制和制度，冷静考虑和解决发展中出现的问题。

2.3 理论依据

经营模式对应的英文词语是 business model。经营模式又称作“商业模式”，这两个词在文献中基本上是互相替代的。在查阅有关经营模式理论发展资料时发现，国内虽然对经营模式的发展有一定的研究，但是一般都是一带而过，主要是研究经营模式的具体内容比较多。以下是笔者查阅到的有关经营模式发展的研究资料。

关于经营模式的研究起源：“business model”一词最早在论文正文中出现是 1957 年，在论文的题目和摘要中出现是 1960 年。但是根据文献计量的结果，笔者

① 卡拉克·J. 米勒，王报换，崔存明. 政府在企业与科技发展中的作用：可供中国参考的几种思路［J］. 国外理论动态，2006（7）：33.

认为经营模式正式作为一个独立领域，引起研究者的广泛关注，是在1999年以后。国外对商业模式的研究处于一种逐步上升的趋势，2003年、2004年和2005年，“business model”全文索引篇数分别达到了327篇、380篇和448篇，此时的商业模式已经成了学术期刊、报纸，甚至人们日常谈话中出现频率较高的热门术语之一。另外，有的学者通过将商业模式研究情况曲线与纳斯达克指数曲线相比较发现，“business model”一词在商业期刊中出现次数的分布情况正好与纳斯达克股票市场走向相一致，并且与纳斯达克股票市场中高科技股票迅速高涨相一致，进而推测出了商业模式的研究与科技的发展可能存在着某种关联①。经营模式的概念流行于20世纪90年代后期，其主要原因是与信息技术的发展有关，信息技术下企业价值链分拆，消费者价值观被改变，交易方式被虚拟化，众多新型产品和服务、新的分销渠道、更广泛的消费者群体层出不穷，因此在顾客、价值、资源和伙伴之间构成一个完整的系统成为研究的重点，经营模式的概念应运而生②。

由此可见，经营模式理论起源于20世纪50年代，兴盛于20世纪末，它的出现与信息技术的迅速发展有关。另外，日益激烈的竞争和成功的经营模式的快速复制，迫使企业不断寻求新的经营模式，因此，许多行业正在力求转变经营理念，研究适合本行业发展的新的经营模式，经营模式由此越来越受到重视。

2.3.1 经营模式的主要流派及观点

查阅文献和相关书籍得知，有许多关于经营模式理论的学说，目前学术界对经营模式理论没有统一的描述。本文根据一些普遍适用的经营模式理论，并结合中国职业篮球的发展现状，来研究中国职业篮球俱乐部的经营模式。以下是有关经营模式普遍适用的理论流派研究。

有资料表明，保罗·蒂默斯（Paul Timmers）是最早明确地界定经营模式，并对经营模式进行分类的学者，他将经营模式理解为产品、服务和信息的流动，同时包括对各种业务参与者及其作用、各自潜在利益、收入来源结构的描述③。

最早系统性地提出经营模式架构的是美国著名战略管理学者加里·哈默尔

① 原磊．国外商业模式理论研究评介［J］．外国经济与管理，2007（10）：17－25.

② 耿松涛．公共企业经营模式的研究：基于水务行业的分析［D］．天津：南开大学，2010.

③ TIMMERS P. Business models for electronic markets［J］. Electronic markets，1998，8（2）：3－8.

（Cany Hamel），他强调经营模式必须重视两部分内容：一是公司的盈利性；二是经营模式成分与成分之间需要相互配合。他认为经营模式主要有四个维度：核心战略、战略资源、客户界面、价值网络。核心战略是公司选择如何竞争的基础，要素包括经营宗旨、产品与市场范围及差异化基础。战略资源包括核心竞争力、战略资产和核心流程。客户界面主要是指公司如何与客户实际联系，提供哪些服务，包括在购买前和购买后为客户提供的信息，并且制定合理的定价。价值网络主要是指以公司为中心，补足和扩大公司的自有资源。价值网络所涵盖的要素有供应商、合伙人和联合者①。

帕特里克·斯特勒（Patrick Stähler）的研究认为，经营模式主要有四个维度。其一，价值主张。该作者认为经营模式的核心是价值主张，即企业将为其客户或价值伙伴提供何种价值。对于顾客而言，企业的价值主张必须能够满足其需求；而对于价值伙伴而言，企业必须能够将其引入经营模式中来。其二，产品与服务。其三，价值结构。价值结构表明了企业如何通过内部价值创造来实现客户的价值。其四，收益模式。收益模式主要指收入来源②。

阿兰·奥佛尔（Allan Afuah）的研究认为，经营模式是指为了获取利润，企业必须确定要执行哪些经营活动、如何去执行这些经营活动、何时执行、执行活动所依赖的资源有哪些、在哪些产业中经营这些活动、将要创造何种顾客价值、企业在产业中的定位如何，等等③。

亨利·切萨布鲁夫（Henry Chesbrough）的研究认为，经营模式包括以下六个维度：其一，价值定位，了解新科技对于顾客的潜在价值；其二，细分市场，经营模式必须能够清楚地定义出客户群体；其三，价值链，企业活动通过价值链进行整合，以传递特定价值给特定客户；其四，成本与收益，主要包括如何向顾客收取费用；其五，价值网络，指在创造价值的过程中外部的协助，外部参与者与企业共同组成了传递给顾客价值的价值链；其六，竞争战略，厂商如何在选定的

---

① 加里·哈默尔．领导企业变革［M］．曲照光，赖溟溟，译．北京：人民邮电出版社，2002：56.

② STÄHLER P. Business models as an unit of analysis for strategizing［EB/OL］.（2002－09－30）［2018－10－11］. http：//www. hec. unil. ch/aosterwa/Documents/workshop/Draft_ Staehler. pdf.

③ AFUAH A. Business models：a strategic management approach［M］. New York：McGraw－Hill Higher Education，2003.

市场内形成低成本、差异化和聚焦战略①。

弗雷德里克·贝茨（Frederick Betz）的研究认为，经营模式包括资源、销售、利润、资产②。

原磊的研究认为，经营模式是一种描述企业如何对经济逻辑、运营结构和战略方向等具有内部关联性的变量进行定位和整合的概念性工具，本质上讲是企业的价值创造逻辑。其提出了 3 -4 -8 商业模式构成体系，其中“3”代表联系界面，包括顾客价值、伙伴价值、企业价值；“4”代表构成单元，包括价值主张、价值网络、价值维护、价值实现；“8”代表组成因素，包括目标顾客、价值内容、网络形态、业务定位、伙伴关系、隔绝机制、收入模式、成本管理③。

耿松涛的研究认为，公共企业的经营模式主要有政府规制、产业特征、价值网络和企业盈利性四个维度④。

赵长杰的研究认为，经营模式是指企业为自身的生存、发展和实现自己的战略目标，所采用的一系列经营活动的方式，实质上是为实现企业的目标服务的。他认为经营模式有三个纬度，即产业链的控制、产品开发和市场营销⑤。

2.3.2 主要参考的观点及启发

国内外学者从不同的角度和维度对企业的经营模式进行研究，虽然研究内容略有不同，但是殊途同归，都是为了企业更好地实现盈利，并实现企业的战略目标。在国内外对经营模式的研究中，几乎每个流派都比较重视战略目标、价值主张、市场定位、核心战略、产品与服务、战略资源、盈利模式、收入模式、竞争战略等维度。各企业由于生产具有高度替代关系的同类产品，因此，其经营模式存在着一定程度的相似性，甚至不同企业之间都存在着共通的经营模式与方法⑥。有学者认为，经营模式是企业经营理论，由客户价值、企业资源能力、盈利方式

① CHESBROUGH H. Managing open innovation [J]. Research - technology management, 2004, 47 (1): 23 -26.

② BETZ F. Strategic business models [J]. Engineering management journal, 2002, 14 (1): 21 -28.

③ 原磊．商业模式体系重构［J］．中国工业经济，2007（6）：70 -79.

④ 耿松涛．公共企业经营模式的研究：基于水务行业的分析［D］．天津：南开大学，2010.

⑤ 赵长杰．北美职业体育经营模式对我国职业体育发展的启示：基于 2008 年奥运会后的分析［J］．体育与科学，2011，32（3）：95 -101.

⑥ 郑敬宣．注意力经济背景下职业体育产业经营模式分析［D］．北京：北京体育大学，2010.

三个维度构成[①]。一个好的经营模式理论一定会包括以下几点：要有一个把握大局的领导，这是不可或缺的；要有一个良好的经营团队，这是关键；要弄清竞争状况和内外部环境的变化，并把握住每一个变化；要为消费者服务；告诉别人你要解决什么问题，你的目标是什么[②]。由此看来，战略资源、盈利方式及战略目标是经营模式研究中的重要问题。

依据文献资料中有关经营模式内容的研究，结合专家访谈法，以及有关经营模式的概念，本文得出中国职业篮球俱乐部经营模式的相关内容，即战略目标、产品与服务、战略资源、管理体制、盈利模式等；经过进一步探讨和专家访谈，并根据中国职业篮球俱乐部所处的内外环境，确定中国职业篮球俱乐部的经营模式主要包括战略目标、盈利模式、管理体制、战略资源四个维度。同时得出本文的经营模式概念，即指职业篮球俱乐部在市场经济规律的指引下，为了实现自身的生存、发展和达到自己的战略目标所进行的一系列的经营活动方式。

战略目标是经营模式的展开和具体化，是对企业经营目的、社会使命的进一步阐明和界定，也是企业在既定的战略经营领域展开战略经营活动所要达到的目标的具体规定。战略目标是经营模式应该完成或者达到的目的，它说明了企业应该做什么、怎样做，它意味着一种方向感和用以衡量进步的一套标准。没有战略目标，企业的发展就失去了方向，职业篮球俱乐部也是如此。俱乐部的盈利是俱乐部赖以生存和发展的基础和动力。盈利是企业可持续发展的必备条件之一，也是企业战略目标实现的重要保障。盈利模式的确立对企业经营模式的发展有重要作用。管理体制的构成要素主要包括两个方面：机构设置和运行机制。机构设置是联结管理体制各组成要素的桥梁，是管理体制运行的基础和前提。运行机制体现了各利益主体的分工与合作，是企业战略目标实现的基本保证。战略资源就是企业所具有的人力、财力、技术和设备[③]，对战略目标、管理体制和盈利模式起着非常重要的作用。依据企业资源基础理论与能力理论，企业自身所具有的能力与资源决定了企业做出的战略定位[④]。职业篮球俱乐部经营模式的四个维度如图 1 所示。

---

① 叶广宇，万庆良，陈静玲．政治资源、商业模式与民营企业总部选址［J］．南开管理评论，2010，13（4）：62－70，82.

② 石章强．易模式：商业模式的三易法则［M］．北京：北京理工大学出版社，2011：9.

③ 金占明．战略管理：超竞争下的选择［M］．北京：清华大学出版社，2010.

④ 陈菲琼，范良聪．基于合作与竞争的战略联盟稳定性分析［J］．管理世界，2007（7）：102.

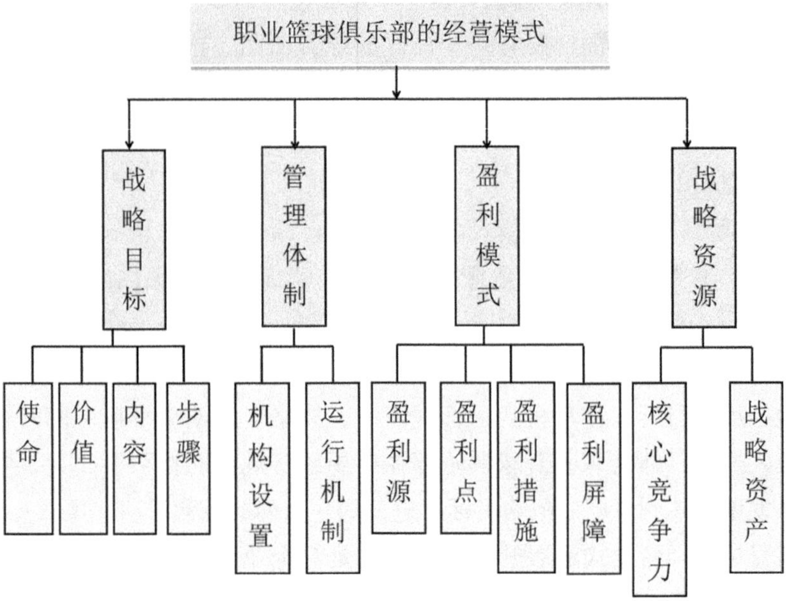

图 1　职业篮球俱乐部经营模式的四个维度

我国市场经济发展处于初级阶段，职业篮球俱乐部经营模式的建立，其实也就是围绕着俱乐部职业化的发展而确立的，只有俱乐部的经营模式适合市场经济的发展规律，中国职业篮球才能可持续发展下去。战略目标是俱乐部发展道路中的一枚重要的指南针，有了战略目标，职业篮球的发展才不会偏离方向。战略目标的实现需要健全的管理体制支撑，并在健全管理体制的环境中，建立有利于俱乐部战略目标实现的盈利模式。盈利是职业篮球俱乐部生存的基本条件，如果俱乐部长期处于亏损状态，俱乐部也无从谈发展。因此，盈利模式是职业篮球俱乐部经营模式的一个重要因素。战略资源的配置使俱乐部的管理层面运作更加有效，从而促进战略目标和盈利模式的实现，对职业篮球俱乐部的经营模式起着不可或缺的作用。这四个维度决定了中国职业篮球俱乐部的发展潜力。本文通过对这四方面的研究找出中国职业篮球俱乐部存在的问题，并提出有利于中国职业篮球俱乐部经营方面的建议。

3 研究对象、方法与思路

3.1 研究对象

CBA 俱乐部是中国职业篮球俱乐部中最具有代表性的，也是中国篮球界中最早进行职业化的俱乐部。目前 CBA 俱乐部是中国所有职业体育俱乐部中知名度最高的，也是运营比较成功的俱乐部之一。因此，本文主要对中国男子职业篮球俱乐部的经营模式进行研究。

3.2 研究方法

3.2.1 文献资料法

笔者通过阅读相关书籍掌握了经营模式的基本内涵及理论框架，厘清了经营与管理之间的区别与联系，为本文奠定了理论基础。在中国知网、万方等数据库中搜索与“职业篮球”“职业体育俱乐部”“俱乐部经营”等关键词相关的文献，整理发现一直以来对俱乐部经营方面的研究还是比较多的，大都是从微观视角对俱乐部的经营情况进行描述，如俱乐部的管理体制、市场运作、法律制度、工资、门票、电视转播权等。

3.2.2 专家访谈法

本文主要以面谈的方式设置了针对俱乐部总经理和篮球管理中心相关负责人的访谈内容；为了使访谈的内容达到更高的效度，又对部分俱乐部经理进行了第二轮访谈（主要是电话访谈），目的是使访谈结果更具真实性。访谈对象包括以下人群。①对辽宁衡业飞豹俱乐部、北京鸭首钢俱乐部、广东宏远华南虎俱乐部、上海东方大鲨鱼俱乐部、浙江广厦猛狮俱乐部、江苏龙南钢俱乐部等相关人士进行访谈，访谈问题涉及俱乐部的经营现状及经营中存在的问题等。②对篮球管理中心负责竞赛管理工作的白喜林部长和赛事运营工作的肖红安主任进行了访谈，主要访谈内容涉及篮球管理中心对俱乐部的相关政策法规及对俱乐部的经营管理方式等。③对篮球及相关方面的专家李元伟、鲍明晓和刘玉林等人进行访谈，主要访谈内容涉及文章的逻辑性、结构及信效度检验。④对职业体育管理学的学者主要何世权教授和王莉教授进行了访谈，访谈内容涉及管理学在职业篮球俱乐部中如何运用、文中运用的理论是否恰当等。

3.2.3 问卷调查法

3.2.3.1 问卷的设计与发放

本文主要根据中国职业篮球俱乐部经营模式的相关内容进行问卷设计，对有关职业篮球俱乐部的问题和现状进行调查。问卷采用现场发放方式，主要调查对象有中国职业篮球俱乐部总经理和教练员。问卷的发放和回收情况见表1。根据美国社会学家艾尔·巴比（Earl Babbie）的观点，回收率在50%以上为适当，60%以上为好，70%以上为非常好，因此本文的问卷回收率及有效率均满足了社会调查及研究的要求。

表1 问卷发放回收情况

调查对象	发放量/份	回收量/份	有效回收量/份	回收率/%	有效回收率/%
中国职业篮球俱乐部经理	17	16	16	94	94
中国职业篮球俱乐部教练员	17	14	13	82	93

3.2.3.2 问卷的效度检验

问卷调查法是定量研究中最为普遍的研究方法，根据本文的内容和目的，遵循体育科研方法关于问卷设计的基本要求，设计了专家调查问卷，对问卷的初稿征询了相关专家的意见，经过修改后，进行了10个人的问卷效度评价。效度检验采用对问卷进行定性评价的方法，按A（合适）、B（基本合适）、C（一般）、D

（不太合适）、E（不合适）五个量级对问卷的结构和内容进行评价。从专家反馈的情况可以看出问卷的有效性，如表 2 所示。

表 2 专家对问卷内容设计的效度评价

选择项	合适	基本合适	一般	不太合适	不合适
频数/n	7	3	0	0	0
百分比/%	70	30	0	0	0

3.2.3.3 问卷的信度检验

为了保证调查结果的可靠性，本文对问卷的调查结果进行了信度检验，对问卷信度进行了回测。回测结果显示，调查内容基本可靠。

3.2.4 比较研究法

本文部分章节将中国职业篮球俱乐部与美国职业篮球俱乐部的经营方式做了比较，主要目的是汲取国外职业篮球俱乐部好的且适合中国职业篮球俱乐部发展的经营方式，以便中国职业篮球俱乐部可持续发展。

3.2.5 数理统计法

笔者根据回收的问卷，整理相关数据，并建立数据库，用统计学软件进行处理，找出职业篮球俱乐部存在的问题。

3.3 研究思路

研究的基本思路如图 2 所示。

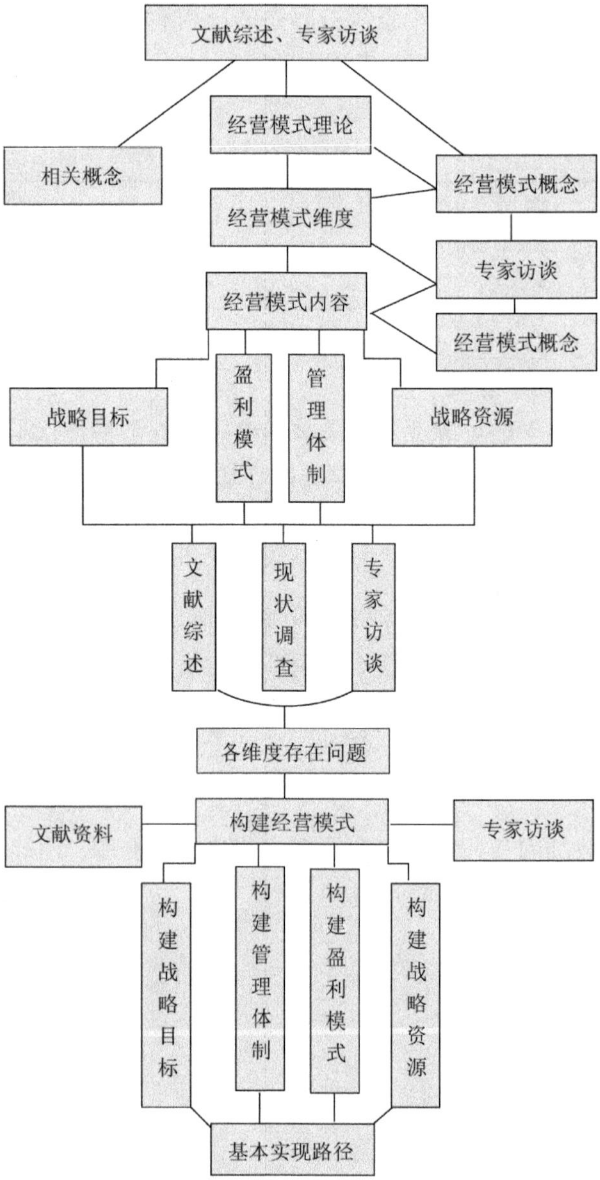
文献综述、专家访谈
经营模式理论
相关概念
经营模式概念
经营模式维度
专家访谈
经营模式内容
经营模式概念
战略目标
盈利模式
管理体制
战略资源
文献综述
现状调查
专家访谈
各维度存在问题
文献资料
构建经营模式
专家访谈
构建战略目标
构建管理体制
构建盈利模式
构建战略资源
基本实现路径

图2　研究的基本思路

4 结果与分析

4.1 中国职业篮球俱乐部经营模式的现状

我国竞技体育的发展，过去得益于举国体制，如今又得益于改革开放，尤其是社会主义市场经济体制的建立给竞技体育进一步发展创造了良好的外部环境和机遇。CBA是中国国内最高水平的篮球联赛。1995年2月5日，篮协首次举办的八强赛便是职业篮球俱乐部市场化的探索，同年11月首次举办了有12支球队参加的主客场赛制的中国男子篮球甲级联赛。自1999年中国男子篮球甲级联赛改称为CBA以来，CBA开始一系列职业化改革，在组织机构，科学管理，赛事质量，推广宣传及服务赞助商、球迷、媒体等方面都取得了可喜的成绩。然而职业篮球俱乐部的经营却一直入不敷出，俱乐部是职业篮球联赛发展的基石，俱乐部发展的可持续性，直接决定了职业联赛的发展。

由表3可知，俱乐部在经营上处于亏损状态，主要原因是经营权比较少，俱乐部只有冠名权（包括球衣广告权）和门票的收入；另外就是来自篮协每年给俱乐部的补助，每个赛季的补助不一样，要根据篮协和盈方体育传媒（中国）有限公司（以下简称“盈方公司”）的经营收入而定（2011—2012赛季每个俱乐部是1000万元人民币）。仅靠这几项经营，俱乐部在财政上一直是入不敷出的。本文从俱乐部的战略目标、管理体制、盈利模式和战略资源四个方面对中国职业篮球俱乐部经营模式的现状进行分析。

表3　2011—2012 赛季职业篮球俱乐部的经营状况

俱乐部名称	经营状况
北京鸭首钢俱乐部	亏损
上海东方大鲨鱼俱乐部	亏损
八一富邦火箭俱乐部	亏损
福建鲟浔兴俱乐部	亏损
江苏龙南钢俱乐部	亏损
辽宁衡业飞豹俱乐部	亏损
东莞新世纪烈豹俱乐部	亏损
浙江广厦猛狮俱乐部	亏损
浙江稠州金牛俱乐部	亏损
山东黄金金狮俱乐部	亏损
佛山龙狮俱乐部	亏损
新疆广汇飞虎俱乐部	亏损
吉林东北虎俱乐部	亏损
广东宏远华南虎俱乐部	亏损
天津荣钢金狮俱乐部	亏损
青岛双星雄鹰俱乐部	亏损
山西中宇猛龙俱乐部	亏损

注：各俱乐部经营状况是通过访谈每个职业篮球俱乐部的经理得出的结果。

4.1.1　职业篮球俱乐部战略目标的缺失

企业战略目标是对企业生产经营管理活动全局的筹划和指导，并设定要达到的目的。企业战略目标依据政治、法律、经济、人文、地理等因素，兼顾企业全局的各个方面、各个阶段之间的关系，制定企业能力的准备和运用并设定要达到全局性的谋划目标①。战略目标的设定，同时也是企业经营宗旨的展开和具体化，是企业经营目的、社会使命的进一步阐明和界定，也是企业在既定的战略经营领域展开战略经营活动所要达到的水平的具体规定。

① 金伟．企业目标及企业战略目标［J］．环渤海经济瞭望，2011（3）：52－55.

对俱乐部的总经理和有关负责人进行访谈发现，俱乐部目前没有战略目标，现有的目标主要是取得联赛好成绩，因为只有取得好的成绩，俱乐部的名声才大，才会获得荣誉，并且会有奖励。对于俱乐部的经济效益，有的俱乐部很重视，有的俱乐部不是很重视。由调查得知，俱乐部的经营宗旨包括“获得经济利益”“提高中国篮球竞技运动水平”“通过俱乐部的经营扩大企业的知名度，树立企业形象”“促进中国篮球运动的社会化、产业化和职业化”“为广大人民群众提供精神产品，丰富文化生活，满足消费者的需求”“通过开展职业篮球联赛，推动我国篮球运动的普及”。各个俱乐部的经理认为，这些经营宗旨中排在前三位的主要是树立企业形象、篮球职业化和普及、满足消费者的需求。我们把各个俱乐部对经营宗旨的选项进行归纳，详见表4。

表4 中国职业篮球俱乐部经营宗旨 百分比/%

俱乐部经营宗旨	第一宗旨	第二宗旨	第三宗旨
获得经济效益	7	8	20
提高中国篮球竞技运动水平	13	17	10
通过经营俱乐部，扩大企业知名度，树立企业形象	47	17	20
促进中国篮球运动社会化、产业化和职业化	13	25	0
为广大人民群众提供精神产品，丰富文化生活，满足消费者需求	7	8	40
通过开展职业篮球联赛，推动我国篮球运动的普及	13	25	10

由表4可知，大部分俱乐部选择“通过经营俱乐部，扩大企业知名度，树立企业形象”作为自己俱乐部的第一宗旨。目前，中国职业篮球俱乐部大部分是以企业和与各地体育局合资的形式存在的，俱乐部以投资人的利益为主（投资人主要是想通过俱乐部来扩大企业的知名度），还没有将俱乐部的盈亏摆到重要的位置。大部分俱乐部把“促进中国篮球运动的社会化、产业化和职业化”和“通过开展职业篮球联赛，推动我国篮球运动的普及”作为第二宗旨，说明已经越来越重视篮球的职业化发展和普及。大部分俱乐部把“为广大人民群众提供精神产品，丰富文化生活，满足消费者需求”作为第三宗旨，说明大部分俱乐部最终的目标是满足消费者的需求，但现阶段由于某些方面不完善，还达不到消费者的需求。随着篮球俱乐部职业化的发展，职业篮球俱乐部的经营目的越来越清晰，只有在

获得经济利益的条件下，职业篮球的水平才能不断地提高；没有经济的支持，就没有职业篮球的持续发展。国外职业俱乐部在遇到亏损或者停滞不前的时候，俱乐部的经营者会针对市场，对俱乐部出现的问题进行解决。职业篮球俱乐部应该加强对阶段性目标的计划实施，一步一步、稳扎稳打地实现战略目标。

目前中国职业篮球俱乐部在经营上没有战略目标，只有短期目标，即取得联赛好成绩和期望自己所在的职业篮球俱乐部具有知名度。对俱乐部主要负责人进行访谈可以发现，目前组建俱乐部的企业一般都有两个目的：一是为企业做广告，由于中国的大部分企业投资在广告上的费用都很大，一年应不少于几千万元人民币，而职业篮球俱乐部是国内商业化发展比较成熟的联赛，无论是电视广告还是网络媒体宣传力度都很大，如果企业拥有职业篮球俱乐部，无形中会获得巨额广告收益；二是政府关系，由于中国的职业篮球联赛是由政府管辖，不是完全的职业化俱乐部，因此俱乐部所在企业可以从政府那里获得企业所需的更多利益。由此可见，职业篮球俱乐部所在的企业并不是为了篮球的职业化，而是为了自己企业的利润而成立职业篮球俱乐部，这就导致职业篮球俱乐部经营发展的目标不明确，长期下去会阻碍职业篮球的发展，更不可能实现篮球俱乐部的职业化。因此，我们应该转变观念，吸收国外著名的职业篮球俱乐部经营理念，根据中国的国情，制定适合中国职业篮球俱乐部发展的战略目标。

4.1.2 职业篮球俱乐部管理体制不健全

体育管理体制是体育管理的机构设置、权限划分、运行机制等方面的体系和制度的总称，是实现体育总目标的组织保证①。职业体育管理体制主要包括机构设置、权限划分、运行机制三个方面，其核心是机构设置。目前 CBA 俱乐部专业化程度还不能满足联赛迅速发展的迫切需要，俱乐部的经营手段还不能很好地适应市场化的发展模式。随着职业联赛不断向前发展，对俱乐部组织和管理的市场化、专业化程度提出了更高的要求。

由于在职业篮球俱乐部改革初期未能明确参与各方的产权关系，造成俱乐部产权不明晰、管理模式混乱，使多数俱乐部作为出资者出资出力，却不能拥有所

---

① 孙克宜，秦椿林．试论体育管理体制与中国体育管理体制改革［J］．北京体育大学学报，1995（1）：6－13.

有权，更不具有决策权、管理权和经营权，因此俱乐部很难成为真正的自主经营、自负盈亏的经营者。同时，俱乐部和联赛的经营权由篮协与盈方公司共同成立的合资公司负责，俱乐部与 CBA 职业联赛、盈方公司之间的利益协调还有所欠缺，投资者权益和投资回报无法得到保障。

对中国职业篮球俱乐部管理模式进行调查得知，现阶段各俱乐部是总经理负责制的经营管理模式。其主要有两种模式：一是企业独资；二是企业与体育局合资（图 3）。

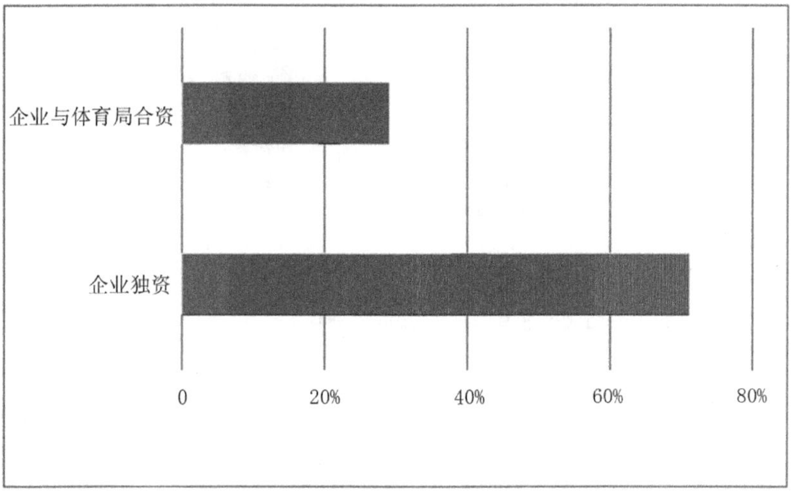

图 3　中国职业篮球俱乐部的管理模式

企业与体育局合资的俱乐部占总体的 29%，企业独资的俱乐部占总体的 71%。企业与体育局合资的俱乐部有山东黄金金狮俱乐部、江苏龙南钢俱乐部、辽宁衡业飞豹俱乐部、浙江稠州金牛俱乐部；企业独资的俱乐部有北京鸭首钢俱乐部、青岛双星雄鹰俱乐部、浙江广厦猛狮俱乐部、广东宏远华南虎俱乐部、东莞新世纪烈豹俱乐部、福建鲟浔兴俱乐部、天津荣钢金狮俱乐部、佛山龙狮俱乐部、新疆广汇飞虎俱乐部、吉林东北虎俱乐部、山西中宇猛龙俱乐部、上海东方大鲨鱼俱乐部、八一富邦火箭俱乐部。由此可见，体育局等政府部门已经慢慢退出职业篮球俱乐部的管理，主要由企业自己进行管理。企业独资型的俱乐部分为两种：一是国有企业独资，二是民营企业独资。其中，民营企业独资所占比重大大超过国有企业独资所占的比重。

由图 4 可知，现阶段民营企业独资的职业篮球俱乐部已经越来越多，而国有企业独资的比例越来越低，表明越来越多的企业认识到职业篮球的价值，职业篮球俱乐部能为企业加大宣传，树立品牌形象，并且也更有利于民营企业的生存和发展。

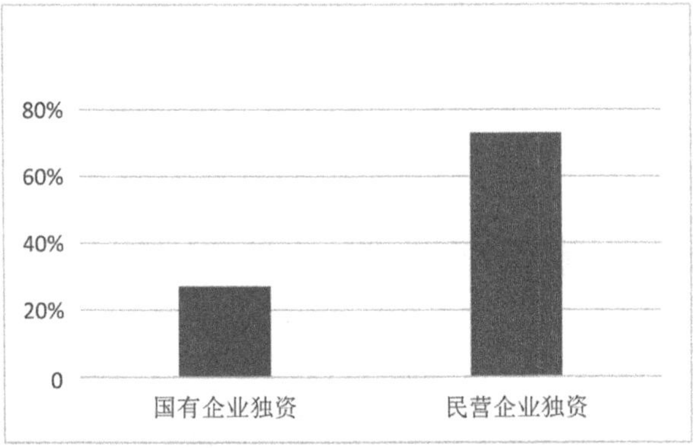

图 4　民营企业独资的职业篮球俱乐部与国有企业独资的职业篮球俱乐部各占百分比

NBA 联盟最高权力机构董事会由各个参赛球队代表组成。每支球队选派一人作为代表，参加董事会每年召开的会议并处理各项事务。董事会聘请总裁，总裁在联盟内部拥有最终的执行权力，但同时又受到球队的监管；而球队的所有权、经营权属于球队老板，这就使各俱乐部管理比较明晰，权责划分明确。在这样的组织机构下，球队归投资者所有，谁出资谁受益，管理人员根据事先达成的劳动协议获得薪酬。从调查情况看，目前中国职业篮球俱乐部的组织机构大多达不到完整职业体育俱乐部股份有限公司的要求，有的俱乐部股东大会形同虚设；有的俱乐部董事长、总经理的权力过于集中，对其决策缺乏必要的管理制度，短期行为明显；有的俱乐部没有设置职业篮球俱乐部的股东大会和董事会。现阶段中国职业篮球俱乐部的机构设置如图 5 所示。

职业篮球俱乐部都设有办公室和财务部，大部分都设有赛事运营部，有一半以上的俱乐部设有市场推广部，比较少的俱乐部设有竞训部。球队事务部是球队的常设机构，主要负责球队训练、比赛及后勤保障，它的作用是直接代替竞训部

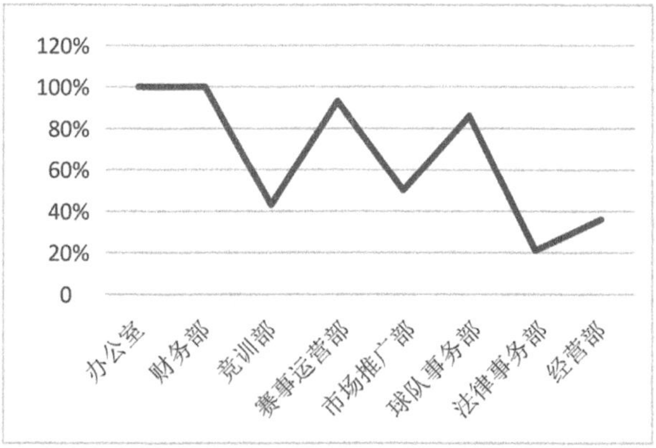

图5 中国职业篮球俱乐部的机构设置

负责球队的比赛和训练。市场推广部、法律事务部和经营部的设置比较少，这三个部门之所以在俱乐部不常设置，是由于现阶段各个俱乐部的经营权有限，俱乐部涉及的法律事务直接找篮协处理。有的俱乐部设有法律事务部也只是外聘法律顾问，法律事务部在大部分职业篮球俱乐部中还没有得到重视。另外，极少数的俱乐部设有宣传部、信息部和青少年部，说明只有少数俱乐部重视宣传和后备力量的培养。我国现阶段的职业篮球俱乐部的管理体制在组织机构上还存在许多问题，如机构设置不完整、经营不受重视、运动员的选拔和培养体系还没有形成、机构设置存在职责不清晰等问题。

本文逐一分析不同组建形式的职业篮球俱乐部的组织机构的设置情况，以便更好地观察不同俱乐部组织管理模式的不同。

由图6可以看出，与体育局合资的俱乐部一般都设有办公室、财务部、市场推广部和球队事务部，其中市场推广部也是徒有其名，市场活动很少。法律事务部没有真正的部门，而是聘请一名法律顾问。俱乐部经营活动很少，并且俱乐部一般不设置人事部，其经理一般是由体育局任命。

由图7可知，企业独资的俱乐部机构设置比合资的俱乐部机构设置更全面，如有40%的俱乐部设置经营部，有90%的俱乐部设置市场推广部，还有10%的俱乐部设置宣传部和青少年部，说明企业独资的俱乐部对俱乐部自身经营越来越重视。法律事务部设置得很少，无论是合资的俱乐部还是独资的俱乐部他们都缺少真正的法律部门，一般都是外聘法律顾问。进一步的调查表明，民营企业独资的俱乐部机构设置有办公室、财务部、市场推广部、球队事务部和球队人事部。

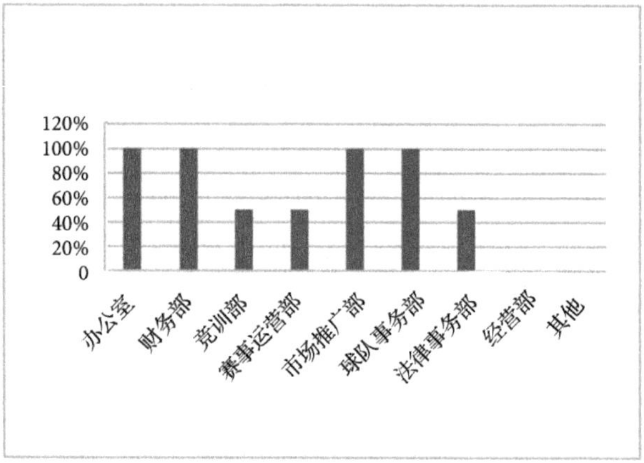

图6 俱乐部与体育局合资类型的俱乐部机构设置

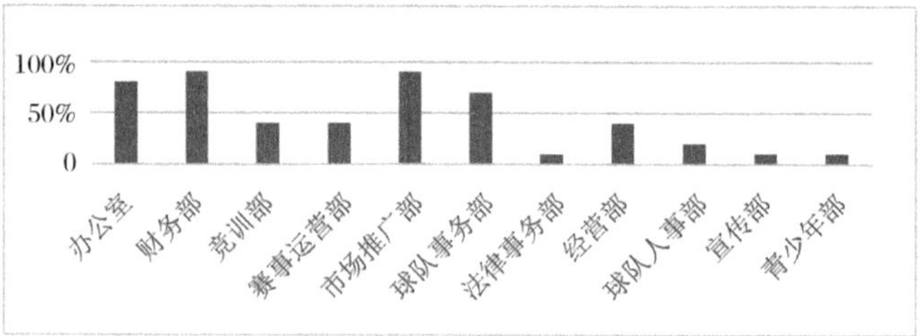

图7 企业独资的俱乐部机构设置

经调查，民营企业俱乐部机构设置主要包括财务部、市场推广部、办公室、球队事务部和赛事运营部。国有企业俱乐部机构设置一般有办公室、财务部、市场推广部、经营部、竞训部，没有设置法律事务部。二者都设有财务部、办公室和市场推广部，不同的是国有企业俱乐部一般没有球队事务部、青少年部、宣传部和法律事务部，并且民营企业俱乐部比国有企业俱乐部更重视球队事务部和市场推广部。

现阶段中国职业篮球俱乐部主要的管理模式有两种：一是体育局与企业合资，即体育局 + 企业 + 俱乐部。体育局提供运动员和管理人员，企业出资并提供相关的管理人员，两者各占一定的股份；或者体育局和企业出资，两者在俱乐部管理人员上也有不同的任命。二是企业独资，即企业 + 俱乐部。企业 + 俱乐部的管理模式主要由企业出资并提供管理人员，俱乐部自己招募运动员。

职业篮球俱乐部若要良好运转，其首要任务是构建完善的组织机构，遵循职业体育客观发展规律，明确各机构的权限职责，建立适应职业篮球市场发展规律的运行机制。作为职业篮球俱乐部的核心产品——CBA，在初期，许多机构的设置都借鉴了国外职业体育及足球职业化改革的经验，目前核心问题在于现行管理体制和运行机制与日益职业化的联赛发展的需求产生了冲突和矛盾。从不同形式的俱乐部机构设置来看，每个俱乐部基本上都设有基础部门，如办公室、市场推广部和财务部，但是合资俱乐部与企业独资俱乐部在人事任命和球队管理方面有差异，合资俱乐部一般由体育局进行人事任命并对运动员进行管理，而企业独资俱乐部一般是企业自己派人管理，由于大多数国有企业负责人所学专业与体育无关，在国有企业俱乐部发展初期，在任命管理人员时难免会出现偏差。企业独资俱乐部产权归企业所有，而合资俱乐部存在产权不清的状况，如表 5 所示。

表 5　当前中国职业篮球俱乐部的管理特点

	企业独资		体育局与企业合资
	国有企业独资	民营企业独资	
管理特点	一般是国有企业管理层确定俱乐部经理和其他人员人选，经营活动少，机构设置不健全，没有法律部门，虽然设有经营部和市场推广部但也是形同虚设	一般由民营企业负责人确定俱乐部经理，产权比较清晰，机构设置不健全，没有法律部门，相关经营部门也有设置，但有的形同虚设	体育局与企业共同管理俱乐部，一种是体育局提供管理人员和运动员，企业出资；另一种是企业既出资又提供一部分管理人员，体育局也提供一部分管理人员，双方共同管理。机构设置是一般基础部门都有，但是大部分合资形式的俱乐部机构设置一般是形同虚设

续表

	企业独资		体育局与企业合资
	国有企业独资	民营企业独资	
存在的问题	有的国有企业俱乐部不重视经营管理，在成立俱乐部时，没有考虑俱乐部能给企业带来什么效益，只是为了响应政府的号召和满足当地的需求成立的，因此在任命俱乐部的管理人员时，一般是任命国有企业的相关管理人员兼职管理俱乐部。国有企业俱乐部的发展缺乏动机和欲望	目前篮协是职业篮球俱乐部的主要掌控机构，篮协拥有大部分的经营权和管理权。只有少数的经营管理项目，俱乐部有自己的行使权利。目前民营企业俱乐部发展存在一定的风险和不稳定性	产权不清晰，也影响了资源配置的有效性。虽然政府目前可以帮助企业经营管理俱乐部，但是这种长期的依赖性容易导致俱乐部的发展停滞不前，不利于实现俱乐部的职业化

各运动项目管理中心作为国家体育总局下属的事业单位，行使国家体育总局赋予的具体运动项目的行政管理职能。各运动项目管理中心行使的是行政职能，其主要任务和职责是推广和发展运动项目，提高项目竞技水平。职业联赛、职业俱乐部的发展和建设也仅仅是协会或者是各运动项目管理中心其中的一部分职能。可以说，各运动项目管理中心的目的和任务与职业体育发展和职业俱乐部的目的基本统一，但并非完全一致。职业俱乐部更多地接受来自各运动项目管理中心的行政指令，扮演被动服从、被管理者的角色，并不是按照约定以合作者的身份参与。这种组织管理运营的模式，难以满足各俱乐部的利益和诉求，难以发挥俱乐部的积极性和主动性，管理者时常在多方利益的博弈之下，艰难地寻求平衡点。而俱乐部作为个体，又常常会孤立看待具体的事件，只要一项措施出台就会立刻考虑到对自身利益的影响，有人欢喜、有人忧，有人赞成、有人反对，无法达成一致。因为，各俱乐部只是在职业联赛中打拼的个体，在组织运行体制上，各俱乐部的利益并没有被整合起来，或者说是整合的力度还远远不够，也就做不到真正意义上的行业自律，这是我国职业体育发展中的本质问题和在短时间内难以突破的瓶颈。

俱乐部是职业篮球联赛的基石。联赛的投入已经从早期以国家为主，变为现在以企业法人为主，这些投资人希望并必然要求有更大的话语权和管理权，希望其利益和投入得到保护。目前俱乐部在联赛总体经营上还缺乏话语权和管理权。调查得知，在俱乐部职业化发展过程中，中国职业篮球采取“先走了再想”的发展方式，因此法律法规相对滞后，无法保证职业篮球俱乐部经营模式的正常运转。

4.1.3 职业篮球俱乐部盈利模式的困境

企业的盈利模式就是企业赚取利润的途径和方式，是指企业将内外部资源要素通过巧妙而有机地整合，为企业创造价值的经营模式。独特的盈利模式往往是企业获得超额利润的法宝，也会成为企业的核心竞争力①。

职业篮球联赛是职业篮球俱乐部的主要产品，其他都是围绕着联赛所产生的附属产品。在非比赛日，中国职业篮球俱乐部收入有限。查阅相关资料得知，CBA从每年的11月底开始到第二年的4月初结束，历时4个多月，共有309场比赛，职业篮球俱乐部盈利是围绕着联赛的举办而获得的。在2013年CBA总经理和赛区会议上，篮球管理中心规定了联赛的经营权问题，规定指出：联赛广告种类包括球队冠名权、比赛服广告、赛场LED广告机、门票正面广告、门票背面广告、联赛统一秩序册和俱乐部赛区自制秩序册广告、篮球架防撞垫广告、罚球圈地贴广告、总决赛场地地贴广告、24秒计时钟广告、球车广告、战术板广告、冰桶广告、网站专栏冠名广告、啦啦队冠名广告、啦啦队服装广告、赛场工作人员服装广告、球员座椅广告、防滑垫广告、啦啦棒广告、联赛向俱乐部开放的横幅广告。所有这些广告种类都归篮协和盈方公司所有。除门票收入外，联赛相关商务权利归盈方公司所有。联赛的冠名权必须在开赛前一个月报给主办单位，俱乐部冠名赞助商同时可获得球衣广告权。由此可见，篮协几乎拥有联赛的所有经营权，而俱乐部只有冠名权（包括球衣广告权）和门票权②。

4.1.3.1 篮协的经营权

联赛起步发展阶段，IMG（国际管理集团）通过赞助买断方式获得经营权，给主办单位的授权费从200万美元逐步增加到近400万美元，冠名赞助商是烟草公司。各球队逐步找到赞助，大多数成立了俱乐部，少数俱乐部，如江苏龙南钢俱

---

① 倪燕．企业盈利能力分析［J］．合作经济与科技，2007（2）：42.

② 2012—2013CBA联赛商务推广规定．2012—2013中国男子篮球职业联赛官方手册［Z］．北京：中国篮球协会．

乐部、吉林东北虎俱乐部、广东宏远华南虎俱乐部等由于球市良好、运营成本低，还是盈利的，主办单位也是盈利的（每赛季约500万元人民币），IMG每赛季也盈利约500万元人民币。整个联赛和俱乐部的投入还是在一个较低水平上。

2001年后由于烟草广告受限制，IMG降低报价后退出，羊城报业集团获得经营权，但由于种种原因，其在开赛前两个月退出（正式协议没有签署）。此时，联赛的运营转移到主办单位，即刚成立的全资公司——中篮巨人广告中心（以下简称“中篮公司”）。中篮公司运作4个赛季，由于没有明确的赛事运营规划、缺乏专业营销队伍和人员变更等原因，经营亏损总计超2000万元人民币，靠向篮协借款维系联赛运营（2007年盈利后才归还篮协）。

2001—2003赛季冠名是摩托罗拉，2003—2004赛季冠名是中国联通，2004年职业化改革后取消了冠名。1995—2004赛季，联赛收入在低水平徘徊，在这10年间，篮协给俱乐部联赛的拨款基本没有增加，收入分配和经营没有听取和征求俱乐部意见和建议。从2005年开始，篮协与盈方公司签署协议，双方成立合营公司——中篮与盈方公司运营联赛。篮协成立了联赛管理委员会，各俱乐部有代表参加，对联赛经营有初步话语权。

2012年10月18日，在2013WCBA（中国女子职业篮球联赛）和CBA即将开赛的全国总经理、教练员和各赛区管理人员大会中，盈方公司代表马国力指出：盈方公司又与篮协签订了5年的合同，WCBA和CBA市场全部由盈方公司经营，在过去一年里总利润是1亿元人民币，未来将超过5亿元人民币。目前，篮球管理中心主要负责中国职业篮球俱乐部的经营，由于篮球管理中心是行政机构，不具备经营权，因此就由篮协代办经营，篮协委托盈方公司经营职业篮球俱乐部的几乎所有经营项目。目前，篮协和篮球管理中心在联赛运营中是一套人马，两块牌子，是集决策权、经营权、行使权于一体的机构。

4.1.3.2 职业篮球俱乐部的盈利方式

2013年篮协规定：职业篮球俱乐部的盈利方式主要包括冠名权（包括球衣广告权）和门票。调查2011—2012赛季职业篮球俱乐部的收入来源得知，俱乐部收入来源由高到低的排序依次是企业赞助、门票、广告、国家政府部门拨款、培训活动收入、特许经营产品收入、会员费、场馆经营、明星广告费用和电视转播。对俱乐部相关管理人员进行访谈得知，企业赞助主要是指俱乐部所在企业出资解决俱乐部在联赛期间的支出，而一个赛季的门票收入在 1000 万元人民币左右，NBA 在 2008 年每支球队的平均收入就已经达到 3987 万美元。广告收入一般包括场地中圈广告费和球员球衣广告费。2012—2013 赛季在 CBA 开赛前的大会上，篮协、中篮公司和盈方公司规定了联赛之际的队员球衣、比赛鞋、电视转播、场馆广告，任何出席两人以上的集体活动的广告，包括有关小商品等经营权都由篮协统一管理经营，俱乐部的经营权只有冠名权（包括球衣广告权）、门票，CBA 自己的经营收入更是少之又少，由此导致 CBA 俱乐部处于经营亏损状态；而 NBA 的球队基本上都是盈利的，有个别亏损的俱乐部算上联盟和场馆经营的补助也都是盈利的。

调查得知，俱乐部的主要支出由高到低分别是球员工资、交通费、餐饮费、住宿费、医药费、场馆费、经营活动费、购买球具费和运动服装费，其中球员工资排在第一位，球员工资的支出成为许多俱乐部花费最多的一项。据了解有些俱乐部球员工资已经超过总支出的 70%（国外的盈利俱乐部此项支出多数在 50% ~ 55%），这使多数俱乐部财政不堪重负。外援制度放开，却缺乏有效的管理调节，外援工资占球队支出比例越来越大，目前一个赛季俱乐部外援总费用为 1000 万元人民币左右，而且还是一次性投入（没有后期收益）。目前我们还没有有效的类似 NBA 工资帽、豪华税等限薪管理制度，缺乏高效、有计划的运动员培养和工资等管理体系，因此应该尽快建立运动员培养体系和球员限薪制度，使职业篮球俱乐部按市场规律经营。

表 6 为 2004—2010 年各赛季全部职业篮球俱乐部的平均收支情况。

表 6　2004—2010 年各赛季全部职业篮球俱乐部平均收支情况

赛季	平均收入/万元人民币	平均支出/万元人民币	平均节余/万元人民币
2004—2005	715. 91	885. 40	-169. 49
2005—2006	761. 56	855. 75	-94. 19
2006—2007	589. 27	758. 91	-169. 64
2007—2008	822. 45	1474. 92	-652. 47
2008—2009	969. 13	1656. 31	-687. 18
2009—2010	1637. 29	1860. 18	-222. 89

注：数据均为篮协提供的俱乐部收支汇总，没有经过审计，仅供参考。

对俱乐部总经理进行访谈得知，各个俱乐部的亏损很严重，远不止几百万元人民币。从总体状况看，俱乐部平均收入和支出均呈上升趋势。但近年来支出增大的趋势明显，平均处于亏损状态。由表 6 可以看出，经营情况最好的是 2005—2006 赛季，俱乐部平均收入 761.56 万元人民币，平均支出 855.75 万元人民币，总亏损 94.19 万元人民币。经营最差的是 2008—2009 赛季，俱乐部平均收入 969.13 万元人民币，平均支出 1656.31 万元人民币，平均亏损 687.18 万元人民币。从上述数据分析得出，凡是统一选外援的三个赛季（2005—2007 年），费用均低；而外援放开选的三个赛季（2008—2010 年），支出费用都高，亏损均增大。

由于各参赛俱乐部经营情况不同，本文对其中 6 家俱乐部进行分析，其情况与总体基本一致，如表 7 所示。

即使将物价和经济增幅考虑在内，近年来各俱乐部的资金投入增长幅度依然惊人，而这也是造成当前俱乐部出现账面亏损的重要原因。也就是说，俱乐部投入的增长幅度，超过了联赛的成长幅度和俱乐部收入的增长幅度。俱乐部自身市场开发能力的不足、资源有限、盈利能力不足、球员工资上涨过快，造成了俱乐部账面亏损。

表 7　2004—2010 年各赛季 6 家俱乐部收支情况

赛季	平均收入 /万元人民币	平均支出 /万元人民币	平均节余/万元人民币
2004—2005	716.94	842.93	-125.99
2005—2006	840.77	893.17	-52.40
2006—2007	649.11	839.43	-190.32
2007—2008	675.99	1248.57	-572.58
2008—2009	947.57	1721.86	-774.29
2009—2010	1641.86	1890.71	-248.85

注：选取辽宁、山东、山西、浙江、吉林和广东 6 家俱乐部，数据来自国家体育总局内部资料。

根据 2009—2010 赛季俱乐部收支表，按照 CBA《俱乐部球员和教练员工资管理办法（试行）》中关于球员和教练员工资总额上限不得超过该俱乐部年度收入总额的 55% 的相关规定，工资福利支出超过规定上限的俱乐部达 11 家，其中吉林东北虎俱乐部高达 92%。据了解，由于限薪规定，各俱乐部所报数据比实际数据要低。

盈方公司对2010—2011 赛季联赛中各俱乐部自主开发的两块广告板和横幅情况进行了调查，经对有效数据的测算我们发现，2010—2011 赛季共无偿开放给俱乐部34 块固定广告板和34 条横幅广告。固定广告板被使用31 块，使用率约为91%；横幅广告被使用13 条，使用率约为38%；共创造价值约401 万元人民币。因部分俱乐部为出资方自用或进行置换，只收集到7 家俱乐部的收入情况，自主开发的广告板和横幅权利对俱乐部来说还是获益的。2011—2012 赛季俱乐部的经营收入延续了上赛季的模式，也有场地广告牌和横幅等收入，这给俱乐部带来了一定的收入。经调查，2012—2013 赛季俱乐部的收入模式只有冠名权（包括球衣广告权）和门票，其余的经营权归篮协和盈方公司所有，俱乐部的收入方式越来越少，只能靠企业赞助和篮协补助才能勉强生存。

原则上讲，篮协收入越多越好，因为篮协会按比例分配给各俱乐部，这样俱乐部之间的贫富差距也就会越来越小，篮协的利益与俱乐部的利益也就越来越一致。但是，CBA 各俱乐部地区市场容量、市场开发潜力存在显著差异，各俱乐部运营能力差异较大，实行一刀切的政策并不能达到增加俱乐部收益的预期效果，因此，各俱乐部要求联赛获得更多的收益，并匹配各俱乐部日益增长的投入。

联赛电视转播权市场化运作仍是瓶颈性制约。对职业体育联赛来说，无论是联赛还是各俱乐部，电视转播费都是其重要的收入来源。国外一般职业联赛的35% ~65% 的收入来自电视转播。但在国内，目前我们还无法从电视转播中获得更多收入。

目前俱乐部的经营权只有冠名权（包括球衣广告权）、门票，并且这些项目基本上是固定不变的，对继续增加盈利没有多大的作用。国内其他项目（如网球、足球等）对中国职业篮球俱乐部的冲击，尤其是赞助商的分流情况越来越严重。当然还有其他问题，如俱乐部盈利困难与非理性增加投资造成财政赤字的现象并存，外援工资失控、虚高造成的经营性风险，国内优秀球员数量不多、水平有限且缺乏交流体系，教练员综合能力欠缺、优秀裁判员短缺、俱乐部高层次管理人才不足等问题。

职业篮球俱乐部的盈利模式主要有两种：一种是篮球管理中心 + 企业 + 俱乐部，另一种是篮球管理中心 + 体育局 + 企业 + 俱乐部。第一种形式的企业又分国有企业和民营企业。

篮球管理中心占有 CBA 比赛期间的几乎所有的经营权。俱乐部的盈利一部分来自篮球管理中心的奖金和补助，另一部分来自企业，此外还有一部分来自在比赛期间俱乐部球队的冠名权（包括球衣广告权）、门票等收入。体育局一般也会给合资的俱乐部发放奖金。俱乐部虽然有企业和篮球管理中心发放的补助，有的俱乐部还会有体育局发放的奖金，但是由于各方面的支出太多，仅球员工资就会超出俱乐部总支出的70%，因此最终出现亏损。现存的两种经营模式都不利于职业篮球俱乐部的可持续发展。我国的俱乐部是以“双轨制”形式起步的，由于各投资方在俱乐部中均有自己的利益，他们总是不同程度地站在自身利益角度来行使权利，影响俱乐部的正常运作。部分俱乐部一味追求比赛成绩，疏于市场培育，过度商业化、不公平竞争等负面效应也将日益暴露；有的篮球俱乐部缺乏长远发展规划，管理和经营人才匮乏，俱乐部自身造血功能低下，在现有统一经营模式下，盈利能力又非常有限，发展步履艰难。（表 8）

表 8　中国职业篮球俱乐部盈利模式特点

	企业独资		体育局与企业合资
	国有企业独资	民营企业独资	
特点	国有企业俱乐部（篮协 + 国有企业 + 俱乐部）与其他企业类型的俱乐部存在一定的共性，即在资金分配上一般是篮协每年给每个俱乐部一定的补助，剩余的资金缺口由企业补足。不同的是国有企业俱乐部经理只看成绩，不注重俱乐部自身的经营，不重视自负盈亏	民营企业俱乐部（篮协 + 民营企业 + 俱乐部）也有与其他类型俱乐部相同的特点：在资金分配上，篮协每年给补助，剩余的资金缺口由企业补足。不同的是民营企业比较注重俱乐部自身的经营，希望俱乐部能够更加职业化，自负盈亏	体育局与企业合资的俱乐部（篮协 + 体育局 + 企业 + 俱乐部）是由篮协每年给一定的补助，体育局每年也会给一定的补助或者发奖金（成绩好），剩余的资金缺口由企业自己补足。特点是俱乐部不自己经营，不重视自负盈亏

续表

	企业独资		体育局与企业合资
	国有企业独资	民营企业独资	
存在的问题	篮协和盈方公司拥有俱乐部在联赛期间和非联赛期间的大部分经营权，俱乐部的盈利空间很小，只有冠名权（包括球衣广告权）和主场馆门票权，市场意识和竞争意识相对比较缺乏，俱乐部一直处于亏损状态	篮协和盈方公司拥有俱乐部在联赛期间的大部分的经营权，俱乐部的权限很少，只有冠名权（包括球衣广告权）和主场馆门票权，俱乐部即使想盈利也是没有机会的。俱乐部一直处于亏损状态	俱乐部存在产权不清晰问题，在利益分配时容易意见不一，产生矛盾。俱乐部盈利模式缺乏创新。另外，目前盈利模式与前两种形式一样，也是只有冠名权（包括球衣广告权）和主场馆门票权，俱乐部一直处于亏损状态

4.1.4 职业篮球俱乐部战略资源的缺乏

通过调查研究和访谈俱乐部总经理发现，俱乐部的战略资源主要包括人力资源、场馆资源（有形资源）和文化资源（无形资源）。

4.1.4.1 人力资源

人力资源是核心资源中的核心，为企业的第一资源，汉语中企业的“企”字，可以拆分成两个字，即“人”和“止”，也就是说企业一旦离开了人才就会停止发展。前一段时期，许多企业把“圈土地”放在首位，现在则把“圈人才”放到了首位，特别是优秀人才已成为“抢手货”，这是企业对发展资源在认识和行动上的重大转变。总之，积累人力资源是现代企业的希望所在。

职业体育俱乐部的人力资源体现在全体雇员体力与智能上的经济资源，它如同实物资源和财务资源一样重要。NBA 俱乐部的人力资源包括球员、教练员、裁判员、俱乐部、联盟、媒体和政府等，是一个多层面的复杂系统。其中，球员是具有特殊技能的劳动者；俱乐部、联盟和媒体是所有者和经营者，亦是收钱者和分钱者；政府则是竞赛表演市场的管理者，负责竞赛表演市场管理政策的制定和宏观管理。而中国职业篮球俱乐部的人力资源包括运动员、教练员、俱乐部经营管理人员、篮协管理人员和俱乐部所在企业。在职业篮球俱乐部中，职业篮球运动员是这个经济组织中最重要的资源之一，属于具有特殊专长的稀缺人力资源。目前职业篮球俱乐部在运动员管理上主要采用契约的管理办法，即通过与运动员签订劳务合同，规定双方的责、权、利，并制定管理运动员的规章制度。

（1）运动员

运动员是整个俱乐部的关键人力资源，运动员水平的好坏直接影响俱乐部的成绩。通过调查可知，现阶段中国职业篮球俱乐部缺乏好的国内球员和优秀的后备力量，有许多俱乐部花大成本引进外援，甚至有的俱乐部还引进 NBA 球员，这虽然在一定程度上有利于联赛提高比赛质量，但是成本很高。在运动员的选拔和培养方面，各俱乐部一致认为应该建立一套适合中国职业篮球发展的运动员的选拔和培养体系，大力培养本土优秀篮球运动员。在引进外援方面，每个俱乐部都有不同的观点，绝大部分俱乐部赞成引进外援，认为引进外援有利于俱乐部整体水平的提高，也可以带动俱乐部球员技术水平的提高。有一部分俱乐部认为最好能全部由自己本国的球员打球，这样大家能更好地配合，也不用花费巨额成本，还能培养国内球员的忠诚度；聘用外援打球，合同到期后，外援就会离开，这样不利于整个球队技战术风格的稳定。

通过官方渠道可以查到 2011—2012 赛季中国职业篮球俱乐部各球队的运动员基本资料，几乎每个俱乐部都有几个年龄超过 30 岁的老队员，许多俱乐部处于新老队员交替时期。从表 9 可以看出，年龄最小的球员出生于 1993 年，年龄最大的球员出生于 1975 年，每个俱乐部都有年龄在 30 岁以上的运动员，并且这些队员一般是每场比赛的首发队员，说明许多球队需要进行新老队员交替，许多老队员即将退役，新队员应该承担比赛的重任。

表 9　2011—2012 赛季中国职业篮球俱乐部球员出生年份调查表

俱乐部	国内队员出生年份	国内队员平均出生年份
广东宏远华南虎俱乐部	1983—1993	1988
东莞新世纪烈豹俱乐部	1982—1993	1989
新疆广汇飞虎俱乐部	1975—1992	1987
江苏龙南钢俱乐部	1980—1992	1987
浙江稠州金牛俱乐部	1982—1993	1989

续表

俱乐部	国内队员出生年份	国内队员平均出生年份
浙江广厦猛狮俱乐部	1978—1993	1986
八一富邦火箭俱乐部	1977—1993	1987
北京鸭首钢俱乐部	1977—1993	1986
山西中宇猛龙俱乐部	1979—1993	1988
辽宁衡业飞豹俱乐部	1979—1993	1987
山东黄金金狮俱乐部	1982—1993	1989
上海东方大鲨鱼俱乐部	1980—1992	1986
吉林东北虎俱乐部	1982—1992	1988
佛山龙狮俱乐部	1981—1991	1987
青岛双星雄鹰俱乐部	1981—1992	1986
福建鲟浔兴俱乐部	1981—1990	1986
天津荣钢金狮俱乐部	1980—1990	1986

职业篮球俱乐部后备人才的来源形式是多种多样的，有的是俱乐部自己培养，有的是来自球探的全国选拔，还有的是通过全国男子篮球联赛和各个大学的联赛选拔。每个年龄段的国内球员都不乏极具天赋的球员，而造成国内球员与国外球员实力差距大的重要原因之一是国内的后备人才培养体系不完善。想要让篮球好苗子在合适的时候发挥出实力，就要建立一套完整的后备人才选拔体系，只有这样才能促进中国篮球的职业化发展。

（2）教练员

一个好的教练员可以带好一批队员，一批好的教练员可以把整个项目都带动起来。没有好的教练员队伍，再好的项目也会群龙无首，无法在组织与技术方面为运动员提供管理、训练与教学的保障。如果把运动训练过程比作一部电影或一出戏，那么，教练员既是编剧，又是导演；既要亲自挑选竞技场上的“演员”，还要对其加以悉心的训练和培养，并协调安排不同角色之间的配合。因而，只有凭借对体育事业的无比热爱、对专项运动训练规律的深刻理解，凭借着坚定的意志和不断的创新，教练员才能组织和引导运动员逐步地攀登竞技运动的高峰，在这里，教练员的知识和才能对运动训练的成功有着非常重要的作用。一名优秀的教练员只有具备广博的基础知识、精深的专业知识和丰富的实践经验，才能正确地指导运动员进行训练和比赛①。

本文通过调查14家中国职业篮球俱乐部教练员的年龄、职称、运动等级、学历、执教年限、培训等情况，了解现阶段各个俱乐部教练员存在的问题。

调查得知，俱乐部教练员年龄在40岁以上的占总体的88%，31~35岁的占总体的12%，25~30岁和36~40岁两个年龄段的几乎没有，说明青年教练员还比较少；另外，通过访谈得知，目前国内仅有几名年龄大的教练员能够带队，培养青年教练员的体系还没有建立，导致教练员比较缺乏，有的俱乐部只能高薪聘请国外教练员（以下简称“外教”）。

调查得知，在中国职业篮球俱乐部教练员的运动等级中，国家级运动健将占大多数，国际级运动健将占小部分，而国家一级运动员和国家二级运动员几乎没有。学历都在本科以上，执教年限分布在6~10年、11~15年和20年以上，说明现在的教练员均受过系统的专业训练，并都取得过较好的运动成绩，对本项目的训练规律有较深的理解和认识，有较强的业务能力和较高训练水平；在专业突出的情况下，绝大多数教练员还接受过系统的文化教育，同时接受过国家体育总局的岗位培训，或者出国交流学习，并且都有一定的执教经历，正是有了这批又红又专的教练员，才使CBA取得现在的成绩。但是调查得知，国内教练员年龄出现断层现象，青年教练员还不成熟，使得各俱乐部的篮球水平参差不齐。为了使俱乐部篮球水平稳步上升，并且取得好成绩，我国必须建立适应俱乐部发展的职业教练员培养体系。

通过访谈部分教练员得知，他们在最近几年经常参加教练员岗位培训，每年联赛前后都会参加不同内容和形式的教练员岗位培训。他们认为，岗位培训给他们的指导作用很大，其中出国培训、与优秀教练员互相交流学习、在比赛中积累经验、进行学术研究和交流等学习效果明显。教练员的培训方式如表10所示。

① 钟秉枢．教练员的工作目标与角色定位［J］．中国体育教练员，2003（4）：3.

表 10 教练员的培训方式

培训方式	所占百分比/%
出国培训	46
与优秀教练员互相交流学习	40
在比赛中积累经验	7
进行学术研究和交流	7

对于是否引进外教的问题，访谈 6 家职业篮球俱乐部的总经理得知，有的认为有必要引进外教，外教的执教理念比较好、热情比较高，并且学习氛围比较好。有的认为主教练不能聘用外教，康复教练和体能教练可以聘用外教，主教练可以自己培养，把球队里优秀的队员慢慢向教练员的方向培养，这样其退役后就可以直接担任；自己培养的教练员跟自己的球队比较有感情，忠诚度比较高，也比较熟悉；如果聘用外教，不仅钱花得很多，并且与球员的沟通也不方便，无法形成球队的风格。有的认为 CBA 某些俱乐部教练员的结构稳定，没有或很少聘请外教，队伍的技战术风格稳定，但很难有创新①。由图 8 可知，教练员对引进外教不赞成也不反对的比较多，赞成的人数占总体的 30%，他们认为好的外教可以引进，但是执教水平要高。目前，大部分俱乐部主教练都是国内教练员，只有少数俱乐部

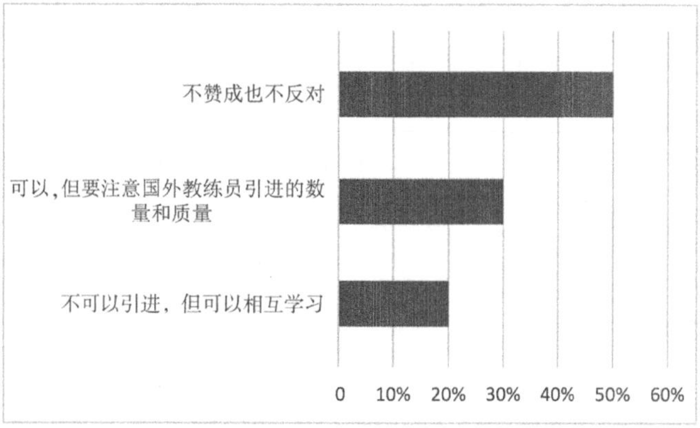

图 8 国内教练员对引进外教的观点

① 柳建庆. 中国职业篮球联赛外籍教练员流动现象探析［J］. 湖北体育科技，2011，30（2）：132.

聘用外教。俱乐部一般跟外教签订聘用合同，合同到期外教就会回国或者去其他地方执教。

（3）管理人员

现阶段各俱乐部总经理一般由企业董事长选拔。董事长对中国职业篮球俱乐部具有绝对的领导地位和管理权限。

由表11可知，在俱乐部引进的管理人员中，学历在本科及以下的占大多数，特别是体育专业人员的学历在本科以下的占多数，而具有研究生学历的几乎没有。非体育专业的管理人员具有本科学历的占多数，其次是具有本科以下和研究生学历。上海东方大鲨鱼俱乐部已经认识到管理人员的重要作用，从哈佛等著名大学聘请了3名博士担任经营管理顾问，帮助俱乐部解决在经营管理中遇到的问题。

表11　俱乐部管理人员的学历结构

专业形式	学历结构	排序
体育专业	本科以下	1
	本科	2
	研究生（硕士）	0
	研究生（博士）	0
非体育专业	本科以下	2
	本科	1
	研究生（硕士）	3
	研究生（博士）	4

4.1.4.2　场馆资源（有形资源）

场馆资源对俱乐部的经营非常重要，俱乐部如果有自己的训练场馆，那么就可以减少每年巨额的场馆出租费，还可以增加更多的收入项目。

由表12可以看出，俱乐部比赛场馆和训练场馆大部分是租用的，分别占总体的87%和73%，只有13%的俱乐部有自己的比赛场馆，27%的俱乐部有自己的训练场馆。虽然租用场馆可以减少俱乐部对场馆的开支，但是每年租金是很高的，因此俱乐部应该拥有自己的训练场馆。通过调查得知，大部分俱乐部的经理希望有自己的训练场馆和比赛场馆，但是缺乏相应的场馆建设经费和经营管理措施。

目前，拥有场馆的职业篮球俱乐部的经营只是简单地依靠场馆的地理位置、场馆的场地等固有资源，场馆运营水平处于初级阶段。在篮球职业化迅速发展、市场竞争日趋激烈的情况下，现有场馆的经营管理模式显然不能适应未来的竞争，应积极探索能给俱乐部带来更大收益的场馆经营模式；另外租用比赛场馆和训练场馆的俱乐部也应该积极探索在比赛和训练期间如何利用场馆使收益最大化。

表 12 俱乐部场馆租用和企业所有情况 百分比/%

场馆	租用	企业所有
比赛场馆	87	13
训练场馆	73	27

4.1.4.3 文化资源（无形资源）

俱乐部无形资源可利用程度有限。相对于俱乐部的无形资源（如品牌、标识等），许多企业自身的无形资源价值更高，不需要借俱乐部来提升企业形象。如果俱乐部的无形资源（如文化、氛围、品牌等）高于企业的，那么对于俱乐部文化资源的认识，各俱乐部有不同的意见，一些职业化程度比较高的俱乐部（广东、上海）认为，俱乐部文化建设的重要性仅次于俱乐部在赛季取得的名次，俱乐部文化建设搞好了，可以打造俱乐部自己的品牌，更有利于俱乐部的可持续发展。

大部分企业独资的俱乐部更重视人力资源，但也有的更重视成绩。体育局与企业合资的俱乐部，他们都比较重视比赛成绩，因为比赛成绩好了，会增加俱乐部的知名度，从而提高门票的出售率和开发更多的特许经营产品。

4.1.5 结论

中国职业篮球俱乐部战略目标不明确，采用“摸着石头过河”的方式发展。俱乐部的管理存在两种模式：一种是体育局 + 企业 + 俱乐部，另一种是企业 + 俱乐部。中国职业篮球俱乐部的盈利模式主要是篮球管理中心 + 企业 + 俱乐部和篮球管理中心 + 体育局 + 企业 + 俱乐部。篮球管理中心拥有联赛的大部分经营权，而企业和俱乐部的经营权限很少。从本质上说，中国是一个缺乏职业体育消费习惯的国家。如何将职业体育的消费习惯根植于广大中国球迷的生活方式中（如许多地方的人愿意请客吃饭送票要票，也不愿花钱买票）；如何持续提升职业篮球联赛的观赏性，吸引球迷购买门票到现场观看比赛；如何提高 CBA 比赛的观赏性，并改变国人的消费习惯和支出结构；如何制定职业篮球俱乐部的目标，完善职业篮球俱乐部的盈利模式，改善职业篮球俱乐部的管理方式，提高资源配置效率等，是需要我们逐一解决的问题。

4.2 中国职业篮球俱乐部经营模式的构建

4.2.1 中国职业篮球俱乐部战略目标的构建

战略目标是职业篮球俱乐部发展的核心，是俱乐部使命和目的在某一段发展期限上的反映，是俱乐部在某一段期限内所要达成的结果，也隐含了俱乐部对某种竞争优势的追求。战略目标是依据政治、法律、经济、人文、地理等因素，兼顾企业全局的各个方面、各个阶段之间的关系而制定出来的。也就是说战略目标的制定要根据俱乐部所处的环境等因素，兼顾俱乐部自身的资源和条件。

4.2.1.1 中国职业篮球俱乐部战略目标制定的必要性

现阶段制定中国职业篮球俱乐部的战略目标，初步建立有中国特色的职业篮球俱乐部的经营体系，是中国职业篮球可持续发展的首要条件。

自 2005 年中国男子甲级职业篮球联赛改为中国男子职业篮球联赛以来，中国职业篮球俱乐部成立已经十几年，在这十几年中，中国职业篮球俱乐部一直在探索经营发展的道路，无论在赛制还是在市场方面都取得了显著的成绩，也有不少专家学者对美国及其他亚洲国家职业俱乐部的成功经验进行研究，并对中国职业篮球俱乐部提出一些建议，但是由于中国的国情和管理体制与其他国家相比具有很大的差异性，因此一味地把其他国家的职业篮球俱乐部发展经验搬到中国职业篮球俱乐部的身上，对中国职业篮球俱乐部而言虽然在短期内有一定的作用，但是从长远来看，只会阻碍其发展。中国职业篮球俱乐部还没有完全认清自己的发展使命与战略目标。战略目标是个人、企业或者法人心目中渴望达到的一种境界，它犹如茫茫大海上明亮耀眼的灯塔，让人们在黑暗中找到航行的方向。战略目标是俱乐部发展的行动指南：其原因之一，有利于中国职业篮球俱乐部的可持续发展；其原因之二，有利于建立组织沟通调节机制、激励机制及控制机制；其原因之三，便于达成职业篮球俱乐部所共享的愿景，成为俱乐部的核心价值。

如果战略目标模糊，会导致俱乐部对经营的风险性不能做好充分的准备，从而导致俱乐部各个经营管理层面运转困难，最终走向解体。在十几年的发展和历练中，中国职业篮球俱乐部在经营方面始终存在产权不明晰、组织机构设置不合理、赛事质量不高、俱乐部亏损等一系列问题，这些问题直接影响了 CBA 的发展。

4.2.1.2 影响中国职业篮球俱乐部战略目标制定的主要因素

（1）社会经济环境

社会的稳定和经济的繁荣为俱乐部战略目标的制定打下坚实的基础，使其更容易实现目标。社会越稳定、经济越繁荣就越有利于俱乐部目标的实现。

（2）国家政策导向

任何行业的发展都离不开国家政策的影响，这种影响是自始至终的，这种影响的力量是巨大的，关系到行业的生死存亡，中国职业篮球俱乐部的发展也不例外。因此，中国职业篮球俱乐部应时刻关注国家政策的变化，不断完善俱乐部的管理。

（3）俱乐部股东、管理者、消费者、政府

股东追求俱乐部利润最大化，因此他们更关心利润指标。管理者追求的是自身效用最大化，包括经济性目标和非经济性目标。消费者要求俱乐部提供高质量的赛事和优质的服务，并且不得以影响社会秩序为代价。政府希望俱乐部能培养更多的优秀运动员为国争光。

4.2.1.3 中国职业篮球俱乐部的内、外部环境

（1）中国职业篮球俱乐部的外部环境

本文主要对中国职业篮球俱乐部的宏观环境进行分析，具体从政治环境、经济环境、社会环境、技术环境和体育环境进行分析。对中国职业篮球俱乐部的宏观环境进行分析，有利于了解中国职业篮球俱乐部现阶段所处的背景，以及所面临的状况。

①政治环境。

世界正处在大发展、大变革、大调整时期，文化在综合国力竞争中的地位和作用更加凸显，维护国家文化安全任务更加艰巨，增强国家文化软实力和中华文

化国际影响力的要求更加紧迫。当代中国正处在深化改革开放、加快转变经济发展方式的攻坚时期，文化越来越成为民族凝聚力和创造力的重要源泉、越来越成为综合国力竞争的重要因素、越来越成为经济社会发展的重要支撑，丰富精神文化生活越来越成为我国人民的热切愿望。

继2008年北京奥运会位居奖牌榜第一名后，中国在2012年伦敦奥运会获得奖牌榜第二名，说明中国竞技体育已经处于领先水平，在某些竞技体育项目上已经是体育强国，但是在一些集体项目上如篮球、足球、男子排球，依然处于较低水平，三大球一直处于很尴尬的名次，中国国家男子篮球队在2012年伦敦奥运会中处于12支队伍之末，足球、排球项目根本没有参加奥运会的资格。因此在总结伦敦奥运会中国队取得的成绩时，时任国家体育总局局长刘鹏说：伦敦奥运会获得境外参赛最好成绩，项目结构优化，但是要看到项目结构还不均衡，整体实力和水平与体育强国还有差距。田径、游泳、自行车等项目有明显进步，但是发展基础和人才厚度相比其他体育强国仍有较大差距。特别是国际职业化程度高的项目和深受大众喜爱的球类项目，与国际先进水平还有很大差距。

②经济环境。

经过30多年的快速发展，我国经济总量明显增加，综合国力大幅提升，但人口多、底子薄、发展不平衡的基本国情没有变，发展中国家的地位没有变，社会主义初级阶段的基本特征没有变。全面客观地评价我国发展现状，既要看到发展速度快、成绩大的一面，又要看到发展水平还不够高、任务还很重的一面。仅从人均收入看，2011年我国人均国民收入正在向4000美元的水平迈进，纵向比是个了不起的成就。

在现阶段，中高收入的人群主要集中于个体工商户、公司里的白领、企业的管理者、专业技术人员、著名学者、文艺工作者、一些从国有企业分化出来的高管、民营企业主等。这些人所从事的职业，不是涉及商业活动，就是要求具有高度专业化和技术化的能力，因此，工作时间长、复杂程度高、挑战性强、生活不规律、人际关系压力大，都是他们不得不面对的问题。他们尽管有着不菲的收入和令人羡慕的职业，但想要从心底里轻松快乐起来并不容易。

《中共中央关于制定国民经济和社会发展第十二个五年规划的建议》指出，综合考虑未来发展趋势和条件，今后五年经济社会发展的主要目标是：

——经济平稳较快发展。价格总水平基本稳定，就业持续增加，国际收支趋向基本平衡，经济增长质量和效益明显提高。

——经济结构战略性调整取得重大进展。居民消费率上升，服务业比重和城镇化水平提高，城乡区域发展的协调性增强。经济增长的科技含量提高，单位国内生产总值能源消耗和二氧化碳排放大幅下降，主要污染物排放总量显著减少，生态环境质量明显改善。

——城乡居民收入普遍较快增加。努力实现居民收入增长和经济发展同步、劳动报酬增长和劳动生产率提高同步，低收入者收入明显增加，中等收入群体持续扩大，贫困人口显著减少，人民生活质量和水平不断提高。

——社会建设明显加强。覆盖城乡居民的基本公共服务体系逐步完善，全民受教育程度稳步提升，全民族思想道德素质、科学文化素质和健康素质不断提高。社会主义民主法制更加健全，人民权益得到切实保障。文化事业和文化产业加快发展。社会管理制度趋于完善，社会更加和谐稳定。

——改革开放不断深化。财税金融、要素价格、垄断行业等重要领域和关键环节改革取得明显进展，政府职能加快转变，政府公信力和行政效率进一步提高。对外开放广度和深度不断拓展，互利共赢开放格局进一步形成。

基于这样的经济背景，人们的生活水平将得到改善，思想道德素质、科学文化素质和健康素质将不断提高，社会法治将更加健全，这有利于中国职业篮球俱乐部健康、有序的发展，同时促进赛事水平的提高，进而有利于丰富人们的精神文化的需求，也有利于促进人们身心的健康。

③社会环境。

总体来说，我国政治稳定，社会安定，经济发展迅速，并与全球一体化接轨，法治建设不断完善，文化繁荣自由，尖端技术、高新技术突飞猛进。

在性别构成方面，第六次全国人口普查主要数据显示，男性多于女性。国际上一般以 100 个女性所对应的男性的比值来检视一个国家或一个民族的性别比。现在，我国人口的预期寿命为 70 岁左右。从总体上说，女性的寿命长于男性的寿命。1999 年千分之一人口抽样调查表明，在我国的人口中，自 69 岁年龄段开始，男性就少于女性，该年龄段的性别比为 99.51；而 79 岁年龄段的性别比则下降到 76.36，84 岁年龄段的性别比进一步下降到 60.87，94 岁年龄段的性别比仅仅为

42.55。因此加强体育锻炼对男性的身体具有重要的保护作用。

在城乡构成方面，中国城镇人口在总人口中的比重更是直线上升，乡村人口的绝对数量开始减少，表明农村人口向城市的流动速度加快，也表明中国城市吸纳农村人口的能力增强了。中国各大城市，基本都对原有的户籍制度进行了不同程度的改革，放宽了农村居民转为城镇居民的政策限制。户籍制度的改革，在很大程度上预示着中国未来人口城镇化的速度将更快。这预示着将有更多的人参与体育锻炼。

④技术环境。

篮球运动已成为人们最喜爱的运动项目之一，它具有集体协同性、全方位立体对抗、技术运用的多元组合和战术灵活多变等特点①。篮球运动的对抗特点决定了篮球运动需要很强的身体素质。欧美国家球员身材高大威猛，速度、爆发力很强，个人技术全面。他们的技术水平很高，多采用以个人攻击与两三个人配合相结合的打法，技术全面，战术变化灵活，攻防并重。而与这些国家的球员相比，虽然中国球员的身体素质稍差，但是在技术上一点也不落后于其他国家的球员。亚洲球队向来具有小、快、灵的特点。我们应该充分发挥自身的优势，在弥补身体素质欠缺的条件下，加强小、快、灵等特点的打法，逐步接近世界高水平球队。另外还应该加强对运动员装备的技术研究，在装备上不落后于世界强队，如篮球鞋，应该研发适合亚洲球员体型和身体素质的材料，降低运动员受伤的概率。

⑤体育环境。

在竞技体育领域，我国竞技体育项目发展很不均衡，足球、篮球、排球等集体球类项目与世界先进水平还有较大差距，竞技体育后备人才培养体系面临新的困难和挑战，一些项目的发展基础比较薄弱。以全运会为龙头的国内竞赛体系需要进一步改革和完善，赛风赛纪和反兴奋剂工作还需进一步加强。体育产业仍然处于发展初期，面临着产业结构不合理、政策制度不完善、市场管理不规范、市场规模不大等诸多问题，市场机制配置体育资源的作用尚未充分有效地发挥。体育发展的观念需要进一步转变，体育管理体制的改革有待深化，体育管理的科学化、法治化水平有待提高，新形势下体育理论建设、政策研究、队伍素质等方面

---

① 郭永波．篮球运动教程［M］．北京：北京体育大学出版社，2005.

都面临发展与改革的严峻挑战。地区之间、城乡之间体育发展不平衡的问题仍较突出。国际体育交流的深度和广度有待加强。

（2）中国职业篮球俱乐部的内部环境

从联赛整体运营情况来看，负责运营的盈方公司已经基本实现了盈利，而由于种种原因联赛各俱乐部能够盈利的不多，目前CBA整体形象健康、积极，赛事影响力与国内其他联赛相比有一定的优势。同时，CBA的发展存在一定问题，如俱乐部盈利困难与非理性投资造成财政赤字的现象并存，联赛品牌整体推广和公益活动日益减少或萎缩，外援工资虚高造成的经营性风险等。影响和制约CBA及其俱乐部发展的重要原因包括国内优秀球员数量不多且水平有限、教练员综合能力欠缺、优秀裁判员短缺、联赛高层管理人才不足、球迷基础薄弱等，同时，俱乐部的规范化建设和地区市场的开发力度不够限制了联赛的进一步发展。

目前联赛仍处于起步阶段，俱乐部在市场基础、运作机制等方面相对滞后，绝大多数俱乐部经营亏损且还有增大的趋势。

4.2.1.4 中国职业篮球俱乐部战略目标制定的依据

（1）理论依据

一般企业的战略目标是制定中国职业篮球俱乐部战略目标的理论依据。战略目标理论已经在许多领域被引用，它有利于企业清醒地认识所处的环境、竞争对手的情况，不至于过高或者过低估计自身的实力，在竞争中获得优势。自从1965年美国的安索夫（H. L. Ansoff）发表《企业战略论》以来，企业战略一词被人们越来越广泛地使用，并且人们对它的研究也在不断地深入。回顾以往学者对此领域的研究可以得出，企业战略主要有以下几种定义。

最早的有关企业战略的定义是：企业战略作为确定组织使命的手段，要明确组织的长期目标、活动程序和资源配置（人力、财力、技术和设备）的优先级。从定义可以看出，企业首先应该确定自己的目标可以达到经营业绩的要求，只要内外环境的变化不至于使企业改变其战略目标，企业就不应该轻易修改既定的目标①。

明茨伯格指出，大多数人认为战略是一种计划。它有两个基本特征：一是具

① 金占明．战略管理：超竞争环境下的选择［M］．北京：清华大学出版社，2010.

有前导性，即战略形成于经营活动发生之前；二是具有主观性，即战略是人们有意识、有目的地制定的，更多地反映了人们对未来行动的主观愿望。

谢琼桓指出，可持续发展理论不但为体育的发展提供了进一步的理论依据，也有助于提高人们对体育在社会发展中的地位和作用的认识；无论是社会体育还是竞技体育，都存在着可持续发展的问题[①]。

战略目标是企业发展的核心，是企业使命和目的在某一段发展期限上的反映，是企业在某一段期限内所要达成的结果，也隐含了企业对某种竞争优势的追求[②]。

企业战略目标是对企业生产经营管理活动全局的筹划和指导并设定要达到的目的[③]。

博弈决策理论认为，把握项目的博弈原理，超前设计，大胆创新，突出战略重点，瞄准高水平的竞争目标，此为上策[④]。

（2）现实依据

中国职业篮球俱乐部战略目标的制定必须多视角、全方位地考察新时期我国所面临的政治环境、经济环境、社会环境、技术环境和体育环境。本文系统、辩证地根据我国国情和体制，结合“十二五”时期体育事业发展的总体目标、世界职业篮球的发展趋势和中国职业篮球的现实状况等，确立中国职业篮球俱乐部的战略目标，为中国职业篮球长远、稳定的发展奠定基础。

①根据“十二五”时期体育事业发展的总体目标和以体育产业发展规划为指南，贯彻党的基本方针路线，研究和制定中国职业篮球俱乐部的战略目标。

“十二五”时期体育事业发展的总体目标是：根据国家“十二五”总体部署和建设体育强国的任务要求，进一步夯实体育发展的社会基础，深化改革，加快发展，提升中国体育发展的水平和效益，改善发展结构和质量，促进体育事业又好又快发展，为体育强国建设奠定坚实基础。加快完善公共体育服务体系，提高公共体育服务水平，切实提高全民族的身体素质和健康水平，促进我国群众体育发展迈上新台阶。继续保持在奥运会等国际大赛中排名前列，改善项目发展结构和

① 谢琼桓．从可持续发展的角度看体育的现状和未来［J］．体育文史，1999（1）：11－12.

② 许小虎．论企业战略目标体系的构建［J］．华东经济管理，2001（4）：84.

③ 金伟．企业目标及企业战略目标［J］．环渤海经济瞭望，2011（3）：52－55.

④ 王立民．论我国男子篮球的战略目标及技术对抗训练原则［J］．武汉体育学院学报，2003（2）：87.

布局，巩固和提高我国竞技体育的整体水平和国际竞争力，推进竞赛体制改革，完善后备人才培养体系，增强竞技体育可持续发展能力。扩大规模，优化结构，提高质量和效益，增强体育产业创新能力，推动建立和完善具有中国特色的体育产业体系，促进体育产业快速发展。不断深化改革，完善运行机制，努力提升体育科技、体育教育、体育法制、人才培养、行业作风、体育外事、体育宣传等工作水平，促进中国体育管理的科学化、法治化、现代化①。

②根据现阶段中国职业篮球俱乐部的内部环境，制定中国职业篮球俱乐部的战略目标。

李元伟在2004年制定的“北极星计划”中指出：用10年左右的时间使CBA成为亚洲最好的联赛，并向世界级的职业篮球联赛迈进。CBA目前还处于不稳定阶段，与世界级的职业篮球联赛的差距还很大。

③根据世界职业篮球发展，中国篮球发展的历史、现状及规律，制定中国职业篮球俱乐部的战略目标。

美国职业篮球俱乐部发展已有百余年的历史，它的发展历程可以给中国提供许多可以借鉴的经验，同时依据中国国情和现状，可以制定适合中国职业篮球发展的战略目标。

4.2.1.5 中国职业篮球俱乐部战略目标的确立

（1）中国职业篮球俱乐部制定战略目标的原则

①坚持提高俱乐部经营业绩的原则。

②坚持提高中国职业篮球赛事水平的原则。

③坚持提高篮球的普及性的原则。

④坚持提高比赛的观赏性的原则。

⑤坚持中国职业篮球俱乐部的发展与世界职业篮球发展方向相一致的原则。

（2）中国职业篮球俱乐部的使命

①使篮球成为国人喜欢参与的一项体育活动。

②使中国职业篮球比赛成为大众喜欢观看和议论的联赛。

③使职业篮球运动员的技战术水平及综合素质成为国内职业俱乐部中最高和

① 国家体育总局. 体育事业发展“十二五”规划［Z］. 2011.

最好的。

④使职业篮球俱乐部的管理及运营水平成为国内职业体育俱乐部最高和最好的。

第一和第二条使命就是使篮球这项运动更广、更深地普及，也就是横、纵向均衡发展。横向往单位和大型社区发展，纵向往基层，如省（自治区、直辖市）、市、区（县）、乡（镇）、村发展；培养团队意识，提高大众的主动参与度，增强凝聚力；最终服务于国家的战略，提高全民的身体及心理素质，促使社会和谐发展。

第三和第四条使命就是使职业篮球俱乐部及职业篮球比赛健康、可持续地发展。我国职业球员的技术及职业操守需要大幅度提高，球员的综合素质也应提高。向参与者普及人文、自然、历史、地理等知识，使他们具有爱心，具有朴素、健康、和谐的心智成熟度，在媒体及社会大众面前的谈吐、举手投足、行事风格得到赞许，甚至成为他人学习和效仿的榜样。

中国职业篮球俱乐部管理运营水平要大幅度提高，借鉴国外成熟的经验，结合我国的特色，尝试建立健全俱乐部的组织架构，探索具有特色的、多元化的经营模式，丰富管理手段，使各利益有关方互相包容、共同获益，最终使各个职业篮球俱乐部健康、可持续地发展。

（3）中国职业篮球俱乐部战略目标的内容

中国职业篮球俱乐部的战略目标的内容是：不断完善俱乐部的管理模式，强化俱乐部的自制能力，循序渐进地提高赛事水平，培养明星球员，满足球迷的需求，增加忠实的 CBA 观众；不断激发俱乐部与球员对慈善工作的热情，积极与媒体合作，扩大俱乐部的影响力，同时重视地方电视转播权对俱乐部的市场宣传作用，打造可持续发展的中国职业篮球俱乐部。

具体的战略步骤是：

①提高赛事质量，并重视俱乐部自己的经营开发能力（尤其是地方电视转播权和网络媒体的开发），使俱乐部在自负盈亏的基础上盈利。

②构建适合中国职业篮球俱乐部发展的人力资源培养体制。

③提高俱乐部的品牌知名度，扩大俱乐部的影响力，使篮球成为国人最喜爱的运动项目。

④聚集亚洲优秀球员，建立亚洲“梦之队”。

⑤登上世界篮球的巅峰舞台。

4.2.1.6 中国职业篮球俱乐部战略目标的基本特征

（1）全局性

中国职业篮球在发展中遇到的各种各样问题，需要中国职业篮球的管理层运筹帷幄，把握全局，做出合适的决策。

（2）长远性

职业篮球俱乐部战略目标的制定应该考虑俱乐部长期的发展方向和保证长期利益的最大化，这样才能保证俱乐部持续、稳定地发展。若俱乐部为了取得短期的经济效益，一味地用高价引进外援，而不注重本土球员的培养，从长期的发展来看，不利于提高本土球迷的忠诚度，对俱乐部的长远发展也会带来潜在风险。注重本土优秀球员的培养，完善职业球员的培养选拔机制，会获得长期、稳定的收益。

（3）灵活性

一个好的战略总是力求实现稳定性和灵活性的统一：前者意味着在较长时期内保持相对稳定的战略，能够稳定组织成员的情绪，增强他们的信心；后者意味着所确定的战略目标不教条和僵化，保持适当的张力①。换句话说，企业在制定战略目标时需要根据国内外环境的变化，根据自身优劣势的转变，进行及时、合理的调整与变更，从而使战略目标能够与时俱进，在风云变幻中随机应变，使中国职业篮球的发展在激烈的全球竞争中立于不败之地。

（4）挑战性

目标本身是一种激励的力量，特别是当企业目标充分地体现了企业成员的共同利益，使战略大目标和小目标很好地结合在一起的时候，就会极大地激发组织成员的工作热情和献身精神。

（5）协调性

协调是事物处于平衡、有序、和谐的一种运动状态，是在自然界和社会中普

① 金占明．战略管理：超竞争环境下的选择［M］．北京：清华大学出版社，2010：8.

遍存在的一种发展趋势和规律，也可以说是人类的一种理想预期和实践目标①。曾经的一段时期，中国职业篮球俱乐部的发展忽视与内外环境的协调发展，一直把为奥运会培养优秀运动员作为主要目标，不重视俱乐部与市场经济的接轨，其发展结果是非常片面的，不利于职业篮球俱乐部的可持续发展。

4.2.1.7 小结

战略目标的设定，也是企业宗旨的展开和具体化，是企业宗旨中确认的企业经营目的、社会使命的进一步阐明和界定，也是企业在既定的战略经营领域展开战略经营活动所要达到的水平的具体规定。战略目标对中国职业篮球俱乐部的发展至关重要，有了战略目标，就有了行动指南，当然战略目标不是一成不变的，可以根据现实情况进行适当的调整。

4.2.2 中国职业篮球俱乐部管理体制的构建

4.2.2.1 构建中国职业篮球俱乐部管理体制的必要性

体育管理体制是指国家机关、企事业单位在一定历史时期的体育系统内的机构设置、领导隶属关系和管理权限划分等方面的体系、制度、方法、形式等的总称，是实现国家体育总目标的组织保证，是各国政治制度的重要组成部分②。为了实现职业篮球俱乐部的战略目标，有必要对俱乐部的管理体制进行完善。

随着政治和经济的发展，传统的管理体制与职业俱乐部发展不相适应，传统的管理体制是举全国之力发展竞技体育。目前我国还没有形成完善的俱乐部法规制度，无论是内部管理制度还是外部监督制度都存在一定的漏洞，因此有必要构建适应职业篮球俱乐部发展的管理体制。改革开放以来，政府职能的内容和范围都发生了重大变化，政府不再全面垄断经济资源和社会资源，也不再无所不管、无所不包。在计划经济向市场经济的转变过程中，政府以经济建设为中心，有所为有所不为。我国已经从一个“全能政府”转变为“有限政府”，政府职能的内容和范围也是有限的。

---

① 熊晓正，夏思永，唐炎．我国竞技体育发展模式的研究［M］．北京：人民体育出版社，2008：189.

② 贾志强．新时期我国体育管理体制与运行机制研究［J］．北京体育大学学报，2007（9）：1179－1181.

职业篮球俱乐部是体育市场的参与者和当事人，它以经营体育为手段，从中获取经济和社会效益，其市场经济行为必须适应现行的国家法律，如在我国基本法律法规中《中华人民共和国公司法》为建立有限责任公司性质的职业篮球俱乐部提供了法律保证，还可以建立上市公司性质的体育职业俱乐部和集团公司。《中华人民共和国劳动法》《中华人民共和国合同法》明确了职业俱乐部与教练员、运动员及其他从业人员的法律关系，为保障他们的合法权益提供了法律依据。针对职业篮球俱乐部的现状，国家也出台了相应的管理政策。《中华人民共和国体育法》是发展我国体育事业的基本法，是体育管理部门制定职业俱乐部组织条例及相关配套法规的根本依据。目前，职业篮球俱乐部的立法相对于俱乐部的发展显得滞后，还没有建立相应的政策法规，俱乐部之间、管理者和经营者之间的关系等有待进一步明确。篮球俱乐部的职业化实际上就是遵循市场经济规律和篮球运动自身发展规律来经营和管理的，以形成自我调节、自我创造、自我发展的运行机制，从而实现职业篮球俱乐部发展的良性循环。中国职业篮球俱乐部建立至今，其职业化道路走得很辛苦，同时引发了许多危机，当前俱乐部的职业化和市场化还没有真正形成，仍然处于迷茫和探索阶段。

4.2.2.2 构建中国职业篮球俱乐部管理体制的依据

（1）理论依据

从定义上看，体育管理体制的构成要素可以划分为机构设置、权限划分、运行机制三个方面。机构设置是联结管理体制各组成要素的桥梁，它是管理体制最基本的要素之一，是管理体制运行的基础和前提。权限划分主要是指体育管理机构在管理国家和社会事务，并为社会提供公共服务过程中的基本职责和作用。运行机制是指在人们进行各种体育运动的过程中，影响体育运动的各因素的结构、功能及其相互关系，以及这些因素产生影响、发挥功能的作用过程、作用原理及其运行方式，是引导和制约与人、财、物相关的各项活动的基本准则及相应制度，是决定行为的内外因素及相互关系的总称。

（2）中国职业篮球俱乐部的战略目标

目前中国经济体制的发展正处于由计划经济向市场经济的过渡阶段，其管理体制也随着经济体制的发展而改变。以前中国职业篮球俱乐部主要是以政府为中心对俱乐部实施各方面的管理，现在随着经济的发展，管理体制也发生了相应的变化，政府逐步从俱乐部的主导地位退出，虽然现阶段还没有完全脱离政府管理，但是随着职业篮球俱乐部战略目标的实现，管理体制也会相应的改变。

（3）中国企业适用的《中华人民共和国公司法》和《中华人民共和国体育法》

对《中华人民共和国公司法》和《中华人民共和国体育法》进行研究，可以得出适合中国职业篮球俱乐部发展的组织架构和职责划分。

（4）美国职业俱乐部和我国职业俱乐部管理体制现有研究经验

美国高水平的职业体育俱乐部的管理体制对中国职业篮球俱乐部的管理体制产生着影响。美国四大职业体育联赛及其俱乐部在不断地发展，它们的国际化催促着各国职业体育俱乐部管理体制与其接轨，它们的职业化和商业化又推动着各国职业体育俱乐部的性质向这个方向转移。国内有不少研究职业体育管理体制的文献，通过对前人研究经验的总结，并结合自己的研究，制定适合中国职业篮球俱乐部发展的管理体制。

（5）中国职业篮球俱乐部管理现状

中国职业篮球俱乐部目前有两种管理形式：一种是企业独资形式，另一种是企业与体育局合资形式。第一种形式的俱乐部又分为国有企业独资形式和民营企业独资形式。企业独资形式的俱乐部一般由所在企业的法人分派俱乐部的人事管理工作，与体育局合资的俱乐部一般由企业和体育局共同承担俱乐部的人事管理工作。第一种形式的俱乐部发展容易没有盈利保障，当企业垮台时，职业俱乐部也就随之解散；第二种形式的俱乐部虽然有体育局做保障，但是在政府的呵护下，俱乐部失去了职业化的发展动力，并且给政府增加了负担。因此，建立适合职业篮球俱乐部发展的管理体制势在必行。

4.2.2.3 中国职业篮球俱乐部管理体制的构成要素

（1）职业篮球俱乐部的组织机构

组织机构是俱乐部的组织体系同与之相匹配的管理规范的有机统一，它在一定程度上决定了在俱乐部的发展过程中俱乐部内部各种组织做什么或者扮演什么样的角色及如何做。在管理体制各构成要素中，组织机构的设置是俱乐部管理体制构成中最基本的要素之一，它是连接管理体制其他各要素的纽带，是管理体制运行的基础和前提。

目前，中国职业篮球俱乐部的组织管理主要有以下问题：有的俱乐部虽然设有董事会、监视会，但形同虚设；俱乐部董事会、经理人员、主教练职责不清；俱乐部董事长、总经理的权力过于集中，对其决策缺乏必要的管理制度，短期行为明显；俱乐部常以体育行政主管部门的行政会议代替董事会，其教练员、运动员一方面在俱乐部中获取市场经济条件下的高收入，另一方面又享受计划经济下的各种福利待遇，造成人事上、经济上的不公平。

（2）权限划分

产权经济学家德姆塞茨（Demsetz）说：产权是一个社会所强制实施的一种经济物品的使用的权利。这揭示了产权的本质是社会关系。在单个人的世界里，产权是不起作用的。只有在相互交往的人类社会中，人们才必须相互尊重产权①。NBA 球队的产权制度具有层次化的特征，少数球队的产权有三个层次：第一个层次是球队的最终所有权，球队的最终所有权归属于出资股东所有；第二个层次是法人财产权，即球队的支配权属于公司，其产权主体是公司的董事会；第三个层次是球队的经营权，其产权主体是球队总裁、执行副总裁和总经理等球队高层管理人员。多数球队的产权则有两个层次：第一个层次是球队的最终所有权，球队的最终所有权归属于出资股东所有；第二个层次是球队的经营权，其产权主体是球队总裁、执行副总裁和总经理等球队高层管理人员。这些产权制度安排都是由球队的所有权性质决定的，都是球队的所有者在交易成本的约束下追求效率的理性选择。企业与体育局合资的俱乐部有山东黄金金狮、江苏龙南钢、辽宁衡业飞豹、浙江稠州金牛；企业独资的俱乐部有北京鸭首钢、青岛双星雄鹰、浙江广厦猛狮、广东宏远华南虎、东莞新世纪烈豹、福建鲟浔兴、天津荣钢金狮、佛山龙狮、新疆广汇飞虎、吉林东北虎、山西中宇猛龙、上海东方大鲨鱼、八一富邦火箭。

在新的管理体制中，CBA 球队的产权大多数以企业 + 俱乐部的形式出现，少数以个人经营俱乐部的形式存在。

（3）运行机制

如何把职业篮球俱乐部各个环节在市场运行中相互协调起来，并加以有效地控制，是管理体制必须解决的问题。运行机制是制定管理体制的最后一个环节，

---

① 熊晓正，夏思永，唐炎．我国竞技体育发展模式的研究［M］．北京：人民体育出版社，2008.

其职能是协调各项机制之间的关系，调节各方的经济利益在职业篮球俱乐部各个部门之间的分配，以保证管理体制的正常运转和市场各要素间的协调发展。

4.2.2.4 中国职业篮球俱乐部管理体制的内容

（1）机构设置及其职能

根据《2010—2011 赛季中国男子篮球职业联赛俱乐部准入标准、评估细则》中的俱乐部制度及管理第一条规定：中国男子职业篮球俱乐部（以下简称“俱乐部”）必须依照《中华人民共和国公司法》在国家工商行政管理部门正式登记为××篮球俱乐部有限责任公司或××篮球俱乐部股份有限公司，并获得企业法人营业执照。这说明现阶段中国职业篮球俱乐部是以企业的形式存在，因此在组织机构的设置、权限划分和运行机制上都应该是以企业法人的形式运行，但是从职业篮球俱乐部所具有的特殊性可以看出它的管理体制跟一般的企业又有差异。职业体育各俱乐部之间的关系是相互竞争、相互依存的，任何一家俱乐部都不能独立存在，其必须依靠其他俱乐部共同发展来实现自己的目标，因此必须合并成一个新企业。公司合并是扩大其经营规模的重要手段①。这里说的公司合并又与普通企业的公司合并不同，因俱乐部有各自的独立法人，故由各俱乐部组成的新公司称为联盟，联盟代表俱乐部行使俱乐部管理权限以外的管理权，如制定转会制度、限薪制度、准入制度、荣誉制度、利润分配模式及俱乐部相关法律制度等。

根据《中华人民共和国公司法》第二十三条规定：设立有限责任公司，应当具备下列条件：

①股东符合法定人数。

②股东出资达到法定资本最低限额。

③股东共同制定公司章程。

④有公司名称，建立符合有限责任公司要求的组织机构。

⑤有公司住所。

根据《中华人民共和国公司法》第二十四条规定：有限责任公司由五十个以下股东出资设立。

公司章程是公司组织和活动的基本准则。通过对中国职业篮球俱乐部的调查

---

① 雷兴虎．公司法学［M］．北京：北京大学出版社，2012：243.

发现，目前各俱乐部内部还没有相关的规章制度，只有篮协规定了几个俱乐部共同遵守的规章制度，俱乐部章程这方面还需要进一步完善。

按照《中华人民共和国公司法》的规定，设立有限责任公司一般都需要有股东会、董事会和监事会三种机构设置，其中国有独资有限公司和一人有限公司可以不设股东会，股东会人数较少或者规模较小的有限责任公司可以只设一名执行董事和一到两名监事而不设董事会和监事会①。由此可见，董事会和监事会是有限责任公司必须设置的机构，股份有限公司比有限责任公司的机构设置还要复杂，它包括有限责任公司设立的程序，但比有限责任公司复杂。

政府是中国职业篮球俱乐部经营管理的重要组成部分，对中国职业篮球俱乐部具有指导、调控等作用，但同时产生了很强的行政干预权，妨碍了中国篮球职业化、市场化的发展。因此应规范政府的干预权限，明确政府的管理权限和职责，这对俱乐部的经营管理具有很重要的作用。

厘清政府职能边界是推进中国篮球职业化改革的前提，篮球管理中心应集中于决策和监督，让篮协成为独立的执行机构，使两者的职能范围和执行手段有所不同，为俱乐部及球员的主动性和创造力开辟新的自由空间。当然篮球管理中心的职能转变是一个渐进的过程，篮协要抓住市场化改革和政府对社会放权的机遇，化解自上而下的压力，为篮球职业化的发展奠定基础。篮协能够促进政府与社会、市场成为合作伙伴，形成双轨推动机制，只有这样，中国的篮球才具有广泛的基础，才有更广、更深的市场化、职业化。

职业化、市场化及未来的资本化是成立中国职业篮球公司的前提，公司的股权结构、董事会、监事会、职业经理团队的筹建要有前瞻性、开放性和包容性。中国职业篮球公司及职业俱乐部的治理结构、管理水平及企业文化要有创新性，要提高职业篮球的科研、技战术水平，丰富赛事及衍生产品的设计多样性，革新宣传手段，创造优质的产品，从而使客户产生更多的互动与共鸣。每次比赛，每个产品，每一个公益活动，都能使客户感觉到厚重的文化气场及体育精神。

目前中国现有的职业篮球俱乐部，大多数是由实际控制企业或被冠名企业命名的，俱乐部的个性化、职业化不明显，导致球迷、观众对职业篮球俱乐部并不了解。

---

① 徐强胜，王少禹．公司法原理精要与实务指南［M］．北京：人民法院出版社，2008：31.

成立中国职业篮球公司，让其与各俱乐部共同推进中国篮球职业化进程，可有效地解决目前存在的问题。如图 10 所示，假定每个俱乐部在中国职业篮球公司都拥有一定比例的股权，篮协为大股东，股东会由篮协和各俱乐部构成，则股东代表可限定为各个俱乐部的总经理，但不能是各个俱乐部的实际控制人或企业法人。公司章程、股东会章程、董事会章程基本依照《中华人民共和国公司法》对篮协这个大股东加以适当约束，如上市资本化以后短中期不能套现等，确保中国职业篮球公司的基本盘稳定；各俱乐部可定为独立公司法人机构，上市资本化以后可以套现，但套现后所得 15% 上交中国职业篮球公司，这样可最大限度地减少各俱乐部实际控制人的投机行为，确保俱乐部的稳定性与中国职业篮球公司发展的一致性。

中国职业篮球发展路线图及职业篮球俱乐部的机构设置初步设计如图 9 所示。

假定中国职业篮球公司拥有俱乐部 35% 的股权，企业或个人投资拥有剩余的股权，这样中国职业篮球公司具有否决权，一定程度上确保了职业篮球发展的专业性，同时极大程度地保护了过去各职业俱乐部背后投资者的基本利益及投资热情，而投资者以此平台扩大企业及个人的社会知名度，进而提高相关产业的经济力及社会力。

如投资人为个人，可以有两种股权模式，可以允许有两个或两个以上的投资人，但必须有一个投资人拥有 51% 以上的控股权；如投资人为企业，只允许有一个企业，这样有利于该企业品牌及产品的宣传。(图 11)

中国职业篮球公司营业收入主要来源于职业篮球及衍生产品直接带来的收益，年净利润的 60% 平均分给各俱乐部；各个俱乐部收入的主要来源为冠名费，地方电视台、网络媒体的转播费，各俱乐部差异化衍生产品的销售收入，为了普及篮球知识在当地组织的培训活动的收入，当地政府的资助，企业与个人的赞助等。可将总冠军比赛时所有营业收入的 70%，按冠亚军名次，以合理比例奖励给冠亚军俱乐部，这样既能坚定各个俱乐部管理团队、球员每年争取获得 CBA 冠军的决心，也能调动俱乐部投资人继续投资的积极性，将冠亚军俱乐部投资人及相关产业的经济力及社会力推到前所未有的高度。

中国职业篮球公司的部门设计与其他行业公司的相似，如战略发展部、财务与投融资管理部、企业文化与人才招聘中心、信息中心、法律与公共关系管理部；

同时强调了科研中心、产品与市场开发部、市场营销部、供应链管理部及职业健康与环境保护部的特殊性及差异性。各部门分工如下。

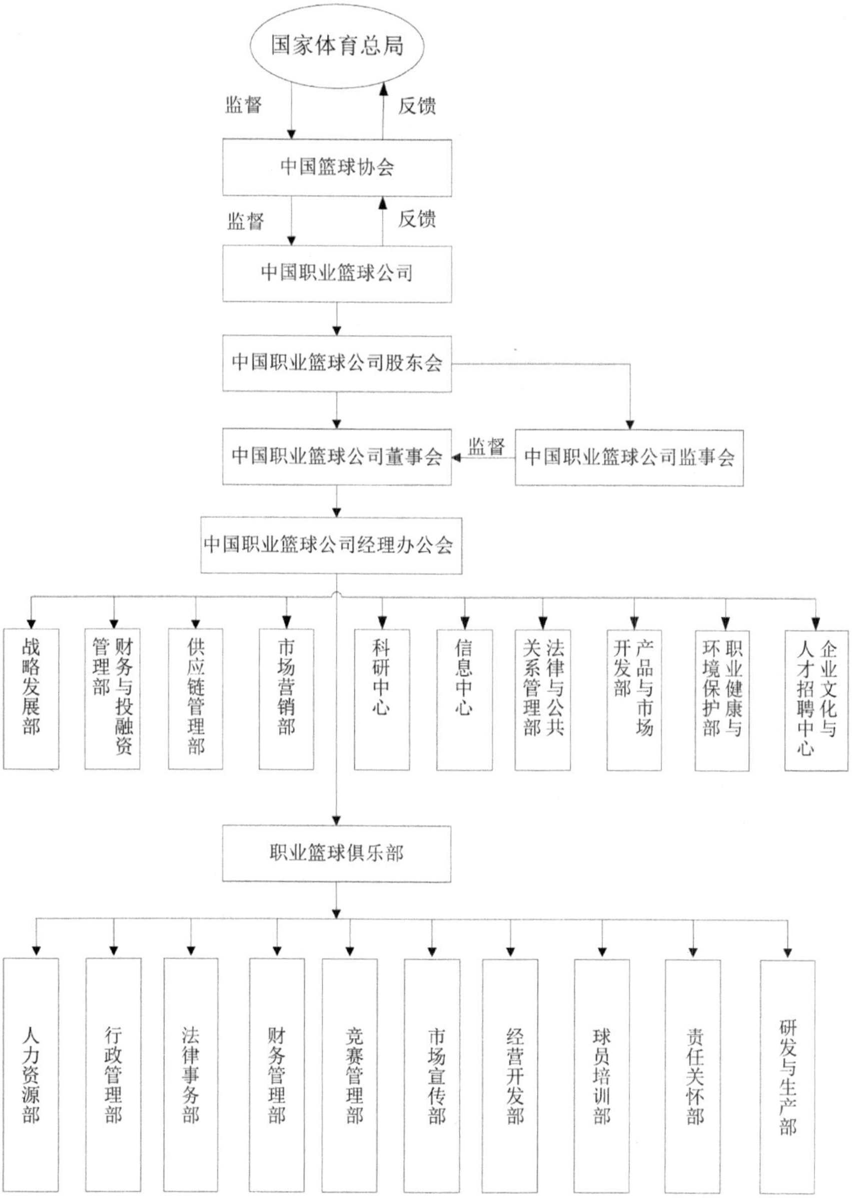

图9　中国职业篮球发展路线图及职业篮球俱乐部的机构设置初步设计

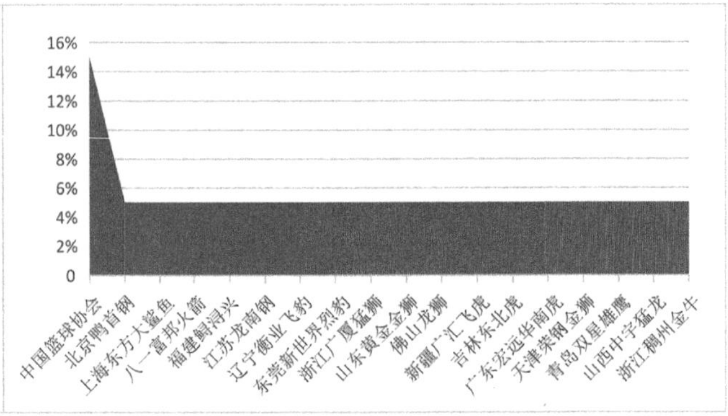

图 10　中国职业篮球公司股权结构设想示意图

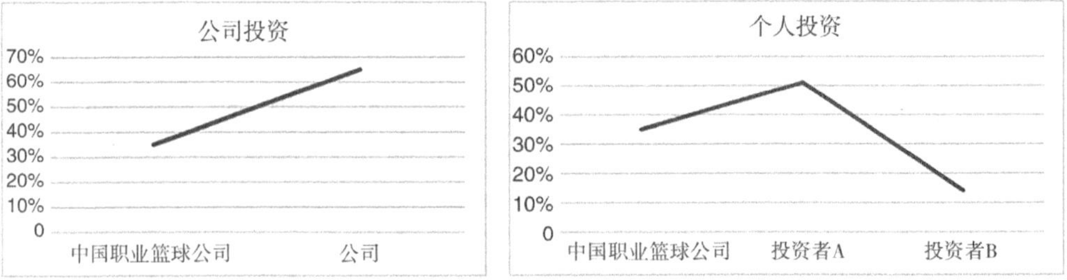

图 11　中国各职业篮球俱乐部股权结构设想示意图

科研中心主要是方法学研究，如训练方法、营养饮食配餐方法、康复理疗方法等，甚至包括相关衍生产品、服装的材料及外形设计研究等。

产品与市场开发部主要结合赛事、观众及城市开发适销对路的产品及服务，如体育观光旅游、体育休闲、健康体检等；开发更多的边际产品，如冠名、代理或定制篮球相关的基础设施，如篮球、篮球架等；也可代理医疗器械等。

市场营销部主要负责的是职业联赛的门票、代言、广告、电视及网络转播等。

供应链管理部主要为各俱乐部共同使用的原材料、器材、设计、服务等做好科学供应。

职业健康与环境保护部主要包括职业健康和环境保护。其中，职业健康主要是球员在饮食、训练、比赛、出行时的安全体系建设，尽量保持其巅峰状态，延长其职业生涯。环境保护主要是训练和比赛后采取的保护环境的措施，如赛后垃圾回收，场地周围清洁及观众入场前、离场后的秩序等，尽量做到与自然环境和谐，不引起周围居民的反感。

中国职业篮球俱乐部的部门设计，由于各个俱乐部的实际大股东为企业或个人，所以部门的设计与功能要最大限度地考虑市场需求、企业的知名度、无形资产增值、有形产品市场推广等。

研发与生产部主要是策划、设计职业篮球及比赛相关的纪念品；设计、生产代表大股东企业或个人投资者的主营产品，设计符合企业品牌的市场促销方案；结合当地特殊的地理、历史、文化及投资人主营业务的特性，打造个性化、差异化的俱乐部的主打产品。

经营开发部、市场宣传部，除主推职业篮球及相关的产品外，还要时刻承担起间接推销投资者主营业务及产品的宣传。当到厂矿、学校、医院等企事业单位参加公益活动（篮球交流）时，在符合法律的前提下，要尽量为投资者拓展品牌及产品的空间。

责任关怀部主要是确保球员的身心健康、饮食安全、比赛及出行安全，承担属地篮球的普及与推广工作，勤到基层，普及篮球知识，让更多的普通老百姓热爱篮球，喜欢群众体育运动，使他们的身体素质及健康水平有大幅度的提高，以此增加他们的幸福感、快乐感。

（2）运行机制

①政府机制。

中国职业篮球俱乐部管理运作水平尚处于摸索阶段，在没有严格的法律法规保障的机制下，造成了赛事质量低下、俱乐部收支不平衡。在发达国家，政府为俱乐部生产产品提供保障，为职业篮球俱乐部的发展提供强有力的支持。在新的经营模式下，我国政府部门主要是为中国职业篮球公司和俱乐部提供宏观上的支持，起到引导和帮助职业篮球发展的作用。

②市场机制。

随着社会主义市场经济体制改革目标的确立和改革实践的深入开展，建立与市场经济体制相适应的职业篮球俱乐部运行机制，逐渐成为我国职业篮球改革的主要方向和重要组成部分之一。CBA 经过一系列的改革探索，部分职业篮球俱乐部已经初步建立了市场化的职业俱乐部运行机制。市场化的运行机制是我国职业篮球发展的重要组成部分，其主要表现在以下几点。

其一，以市场宣传为主要手段的市场化运行机制。在经济学意义上，市场在本质上是买者和卖者相互作用并共同决定商品和劳务价格及劳务和交易数量的机制①。目前中国职业篮球俱乐部市场宣传工作已经取得了很好的成绩，如联赛收视率有所提高，已经培养了自己的部分球迷，每年都举办 CBA 比赛等，但是仅此宣传还不够，CBA 球员曾经打架的事件困扰着一些球迷，导致 CBA 观众数量有所下降。职业篮球俱乐部想要提高知名度，应加大参加慈善活动的力度，应经常到偏远的地方进行篮球友谊赛，以便培养观众的数量和忠诚度。

其二，以市场为主要调节手段的资源配置方式。在市场经济体制下，以价格机制、供求机制和竞争机制为要素的配置方式逐渐取代了以行政命令和计划调节为核心的计划机制。职业篮球俱乐部最基本的资源是球员，CBA 应通过制定合同制、限薪制、转会制、选秀制等，对球员进行合理的配置，使不同的俱乐部在有效的市场配置下自由地选取适合自己俱乐部发展的优秀球员。

其三，以法律法规为手段的调控机制。在市场经济中，法律和制度是维护市场经济顺利运行的基础，是保障主体利益运行的基本手段。因此职业篮球俱乐部在职业化的道路上必须用相关法律和制度来加以约束和规范。当前虽然俱乐部也制定了相关制度，但是约束力还不够，在新形势下职业篮球俱乐部的机构设置更需要法律的监督和协调。除法律制度外，应建立有关职业篮球俱乐部发展的制度，如建立职业篮球名誉制度。

③协会机制。

行业协会是由单一行业的竞争者所构成的非营利性组织，其目的在于为促进该行业中产品销售和雇佣等方面提供多边性援助服务②。行业协会的目的是对一种特殊普遍的利益进行保护③。行业协会应该受制于和主动回应国家的经济干预，除非国家的干预损害行业协会的集体利益，否则，行业协会都应该配合国家经济干预政策的实现，只有这样才能在行业协会经济干预与国家经济干预之间产生 1 + 1 >2 的效果，因此行业协会既要受政府的监督也要完成对各成员的反馈。

---

① 保罗·萨缪尔森，威廉·诺德豪斯．经济学［M］．北京：华夏出版社，1999：21.

② 鲁篱．行业协会经济自治权研究［M］．北京：法律出版社，2003：4－6.

③ 李昌麒．经济法学［M］．北京：法律出版社，2007：153.

④联赛机制。

在职业篮球俱乐部管理体制改革中，联赛机制改革是一个重要的组成部分。职业篮球联赛是调节职业篮球俱乐部改革的最有力的指挥棒，对职业篮球俱乐部的改革和发展产生重要的影响。

4.2.2.5 中国职业篮球俱乐部管理体制的主要特征

（1）政事分开

政府部门不要插手具体事务，政事分开，将事务性工作交给相关单位负责，把工作重点转移到宏观调控中去。

（2）精简、统一和高效能

成功企业实施精简、统一和高效能的管理效果是优良的，对企业的发展起了很大作用，充分说明管理体制的科学性。

（3）市场化管理方式

市场化管理是依法治体，根据市场规律办事，而不是根据人情办事，做到有法可依，违法必究。

（4）集约化的发展方式

新的管理体制应该使俱乐部的经营权和管理权更加明确，俱乐部具有自己的大多数产品的经营权，能够自负盈亏，而不是分散经营。

4.2.2.6 小结

传统的管理体制与职业俱乐部发展不相适应。传统的管理体制是举全国之力发展职业体育，部门设置不全面，权限划分不明确，而职业体育是市场经济下的产物，应该在法律法规的约束下自主经营、自负盈亏。目前，建立职业篮球俱乐部的管理体制、健全机构设置、明确权限划分是职业篮球俱乐部改革的必由之路；另外，构建职业篮球荣誉制度和相关法律制度，把各方面的人才集中到中国职业篮球俱乐部的职业化建设上来，以更好地发展中国职业篮球事业。

4.2.3 中国职业篮球俱乐部盈利模式的构建

4.2.3.1 构建中国职业篮球俱乐部盈利模式的必要性

为什么盈利呢？这个问题听起来似乎很幼稚。利益驱动是市场的规律，任何一个投资人都希望得到利益回报，可是在现实中，我们好像已经适应了俱乐部经营亏损的事实。那么投资人为什么会接受亏损呢？为什么要投资篮球呢？本文将俱乐部的投资人细分为以下几种。第一种是国有企业，为了支持本地区篮球事业，在政府的牵手下，成了投资人；第二种是热爱甚至酷爱篮球的民营企业家，在自身兴趣和企业发展的双重驱动下，成为投资人；第三种是个别期望达到利益交换的投资人，仅仅是把俱乐部的支出作为广告费的一种，以获得政策、信贷等企业收益。无论哪种投资人，都希望以最小的投资换取最大的利益，区别只在社会效益和经济效益孰轻孰重方面。反映到联赛中，由于投入、产出存在明显的差异，俱乐部投资预算有财大气粗、一掷千金的，有量入为出、宠辱不惊的，还有节衣缩食过紧日子的，出现了极度不均衡的现象，外援和内援的转会市场风生水起，使俱乐部的运营成本不断增加，俱乐部的亏损经营也越来越普遍。随着亏损额的不断增加，投资人的回报越来越少，投资热情的降低将势必影响到联赛稳定、协调、健康的发展。因此，中国篮球在职业化的进程中，需要更多的俱乐部实现盈利，在体育产业化和市场化的良性循环中，为投资人带来相应的、可以接受的收益，使投资人在收获社会效益的同时，也收获到职业化带来的更多投资收益，以保持他们的投资热情，形成更加稳定的体育产业投资人团队，从而为篮球事业的健康、可持续发展积聚更多的资源。

目前，绝大部分俱乐部的收入主要依靠企业自身投资或者政府奖励，盈利的俱乐部寥寥无几，再加上运营成本每年都在增加，俱乐部亏损已经成为一个不争的事实。那么，俱乐部是不是只能安守这样的现状呢？我们能不能去做一个盈利的俱乐部呢？

目前，无论是欧美职业俱乐部的盈利模式，还是国内比较好的职业俱乐部的盈利模式，绝大多数俱乐部无法做到完全复制，那么，我们靠什么盈利呢？需求！许多成功的国外职业体育俱乐部不论是面对赞助商还是不同层次的球迷，他们通过专业的团队，科学分析不同层次球迷的需求，为其提供不同的专业服务，从而实现利益的最大化。反观我们现在的运行模式，我们为赞助商提供了多少实实在在的服务，从而为赞助商实现品牌增值，但做到共赢了吗？我们真正了解过不同层次的球迷需求吗？我们有对球迷进行差异化的服务，进而有效地开发球迷市场吗？如果我们还没有做到这些，仅仅去抱怨没有电视转播权，仅仅去抱怨我们没有政府奖励，这是没有任何实际意义的。市场就在这里，盈利也绝非遥不可及，关键是我们的思想，是我们的行动！

4.2.3.2 构建中国职业篮球俱乐部盈利模式的依据

（1）依据对观众和球迷需求的把握

根据马斯洛的需求层次理论，人的需求是从低到高按层次逐级递增的，分为生理需求、安全需求、情感和归属的需求、尊重的需求和自我实现的需求。求知需求和审美需求未被列入需求层次里面，是因为马斯洛认为这个需求位于尊重需求和自我实现需求里面。另外，马斯洛还将需求划分为高级需求和低级需求两个方面，生理需求和安全需求是较低级的需求，而社交需求、尊重需求和自我实现需求是较高级的需求①。根据马斯洛的需求层次理论，推理延伸到职业篮球俱乐部的观众和球迷的需求。观众生理和安全的需求有便利的交通条件，安全、快捷、卫生的饮食服务区，便利的门票预定措施；观众社交需求，即现场观众之间和观众与球员之间的交流。尊重的需求有赛场环境整洁、舒适，现场服务人员服务周到。自我实现的需求是指篮球比赛的观赏性和娱乐性，使观众热爱篮球、喜欢篮球，达到篮球即生活、生活即篮球的理想境界。

（2）依据中国职业篮球俱乐部经营的现状及存在的问题

调查研究发现，中国职业篮球俱乐部基本上都处于亏损状态，支出大于收入，收入来源比较单一，一般是冠名权（包括球衣广告权）和门票，另外的资金来源就是取得冠军的球队从篮协和当地体育局得到奖金。只靠这几方面的资金来源是无法满足俱乐部的正常运营的，因此需要建立适合职业篮球俱乐部发展的盈利模式。

（3）依据战略目标的内容

战略目标是俱乐部发展的总体方向，盈利模式的构建也应该与战略目标的发展相协调，只有围绕着战略目标的实现来构建盈利模式，才能保证俱乐部健康、良好的发展。

（4）依据美国职业篮球俱乐部盈利的模式

通过研究美国职业篮球俱乐部的相关文献，我们发现，美国职业篮球俱乐部

---

① 斯蒂芬·P. 罗宾斯，玛丽·库尔特. 管理学［M］. 7 版. 孙建敏，等译. 北京：中国人民大学出版社，2004：437.

几乎都是盈利的，主要原因是每个俱乐部都拥有自己的经营权，如主场比赛门票、地方电视转播与电台转播、场馆经营（冠名权、广告、停车、出租等）、企业对球队赞助、球队授权产品、纪念品与球衣销售等，而联盟主要帮助俱乐部平衡各方面的利益。

4.2.3.3 中国职业篮球俱乐部盈利模式的形成

一个好的盈利模式必须能够解决以下一系列问题：向客户提供什么样的价值、向哪些用户提供价值、如何提供这些价值、能够提供价值的关键活动有哪些、收入来源有哪些、如何保持优势，等等。一个好的盈利模式还必须是使其各个组成部分都能盈利的模式，而且盈利必须具有持久性，这样即使有新的竞争者进入，也不会受到很大的威胁①。盈利模式是一个系统，是由不同要素相互作用、相互联系构成的，主要包括盈利源、盈利点、盈利措施和盈利屏障。

盈利源是指企业的收入来源于哪些客户，企业有哪些渠道获得利润，有哪些方面可以解决收入的问题。

盈利点是指企业从盈利源中获取利润的产品与服务，也就是盈利源购买的企业的产品与服务，简单来说就是盈利源购买的是能为企业产生利润的产品与服务。

盈利措施是指企业如何吸引客户购买产品与服务的一系列活动，它回答了为了实现盈利，企业提供的措施有哪些。

盈利屏障是指企业为防止竞争者掠夺本国的盈利源和盈利点而采取的防范措施。简言之，盈利屏障能够防止竞争对手掠夺本国的利润源，以保证企业获得稳定持久的利润②。

通过前面所谈到的中国职业篮球俱乐部的盈利现状可以看出，中国职业篮球俱乐部目前的盈利模式在篮协的控制和监督下基本是一样的，一般都是篮协＋企业＋俱乐部，篮协负责大部分的经营权，俱乐部除了自己经营的冠名权（包括球衣广告权）和门票权，还有篮协每年发的一部分补助，其余的资金由俱乐部所在企业补助。但是又有细微的差别，比如说属于体育局管的俱乐部，它的一部分收入来源与其他俱乐部相同，此外还有一部分是来自体育局的补助。也就是说目前

---

① 郑莉．新浪盈利模式研究［D］．厦门：厦门大学，2007.

② 李晨宇．中国社交网站盈利模式的可持续性分析［D］．北京：中国政法大学，2011：13.

俱乐部的盈利源主要有现场观众、赞助商、篮协、体育局、所在企业。盈利点主要有门票、冠名权（包括球衣广告权）、篮协资金补助、体育局资金补助、所在企业的资金补助。盈利措施主要是 CBA 比赛。盈利屏障主要是政府保护不受外来职业联赛的影响和减免税收。

4.2.3.4 中国职业篮球俱乐部盈利模式的主要内容

NBA 各俱乐部的盈利模式是联盟 + 球队的方式，虽然也有球队因为比赛成绩落后而处于亏损状态，但是由于其他经营方式的弥补，球队会扭亏为盈。美国的职业体育联盟指从事同一运动项目的职业体育俱乐部，为了实现利润最大化而自愿联合在一起共同经营和开发这一体育项目的比赛及其相关商务的一个联合体①。NBA 联盟的盈利点包括对美国国内和国际电视转播权及其他经营项目的开发权。各球队盈利源主要有媒体、观众、赞助商、广告商、联盟等，各职业篮球俱乐部盈利点包括主场比赛门票、地方电视转播与电台转播、场馆经营（冠名权、广告、停车、出租等）、球队赞助、球队授权产品、纪念品与球衣销售等。除比赛之外，盈利措施还有场馆及其他非比赛时期的一系列经营活动和渠道。盈利屏障主要是垄断和税收。虽然中国职业篮球发展史与美国职业篮球发展史不同，所处的社会环境也不同，但是职业篮球俱乐部的性质是自负盈亏的企业，这一点无论是中国还是其他国家都是相同的；因此，篮协应该把更多的经营权下放给各俱乐部，篮协和体育局对俱乐部起到监督、监管和保护的作用。中国职业篮球俱乐部盈利模式的构建体现在：俱乐部的全国经营权和国际各项经营权由中国职业篮球公司统一经营。各俱乐部的盈利模式主要有四个方面：扩大盈利源、增加盈利点、实施高效的盈利措施、完善盈利屏障，如图 12 所示。

（1）扩大盈利源

中国职业篮球俱乐部的盈利源少，主要的盈利源就是现场观看比赛的观众，而赞助商一般是俱乐部所在的企业。正是因为盈利源太少，各俱乐部长期处于亏损状态，因此应扩大职业篮球俱乐部的盈利源。首先应增加媒体和赞助商，这两项盈利源是俱乐部赖以生存的基础。中国地大物博，因为每一个俱乐部所在城市不同，所以中国职业篮球俱乐部应加强与地方媒体（地方电视台和地方网络中心）

---

① 王庆伟．我国职业体育联盟理论研究［M］．北京：北京体育大学出版社，2007：3.

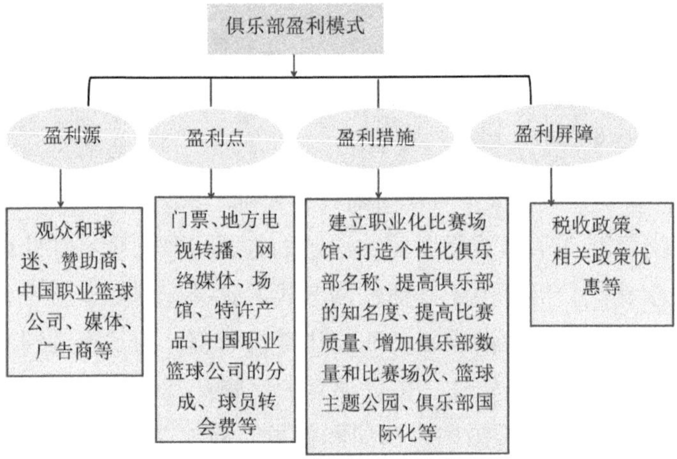

图 12　中国职业篮球俱乐部的盈利模式

的合作，提高俱乐部的宣传力度和影响力，带动地区篮球运动的发展。

资料查询得知，整个 NBA 及各队的电视转播合同涉及金额超过 50 亿美元，而 2001—2004 赛季，NBA 与美国沃尔特·迪士尼公司旗下的 ABC 公司（美国广播公司）和 ESPN（娱乐与体育节目电视网）及美国在线时代华纳公司签订了为期 4 年的电视转播权合同，总价值为 26.4 亿美元，而每年电视台给 NBA 各队带来的收入占各队总收入的 30% ~50%①。虽然我国与美国的电视管理体制不同，但是我国地方电视台品种比较多，涉及面比较广，如果各个俱乐部能在省、直辖市、自治区和特别行政区的电视台争取转播赛事，那么中国职业篮球俱乐部将会有不菲的收入，并且也能增加联赛的影响力。长期以来，电视转播权一直是影响职业篮球俱乐部收入来源的主要因素，大多数研究者都以此为焦点进行分析，而其他媒体常常被人们所忽略。由于商业广告的增加和互相干扰，网络媒体和报纸的普及，电视广告的收益正在逐年下降，并且电视广告的费用大大超过了其他媒体的费用。另外，因受众目标的不同，所以应选择不同的宣传方式。对于青少年和在校大学生来说，网络是一种比较流行、比较普遍的使用方式；对于研究人员和上班族来说，报纸、杂志和网络媒体是最好的获得信息的方式；对于老年人来说，由于退

① 陈树华，许永刚，王恒同. CBA 联赛电视转播权营销与市场开发［J］. 体育学刊，2003（6）：18.

体后有更多的时间看电视，因此电视是最好的获得信息的方式。篮球俱乐部的主要产品是赛事，喜欢篮球赛事的大部分是少年、青年和中年人，这类人群的网络使用率很高，他们几乎每天都要上网。对于俱乐部而言，开发出优秀的产品来满足大众的需求是最重要的。

中国的经济增长日新月异，带动了国内一大批民营企业的崛起，每个省市都有成功的企业家，他们也在不断地寻找企业发展的机遇，俱乐部可以给企业家提供展示企业形象和产品的平台，而俱乐部自己也可以得到赞助，双方共赢。另外应该注重国外盈利源的发展，如培养国外的球迷和开发国外网络媒体。

（2）增加盈利点

扩大盈利源，可以相应地增加盈利点。中国职业篮球俱乐部目前主要的盈利点是篮协、体育局和所在企业的补助，俱乐部本身的盈利点很少，只有门票是比较固定的属于俱乐部自身的盈利点，而门票的收入每年也在600万元人民币左右，因此增加俱乐部的其他盈利点是很有必要的。

①门票。

影响门票经营的因素有很多，一般有赛事表演质量、城市规模、运动推广与普及、经济、场馆设施等因素①。目前各俱乐部每场主场门票售卖率可达到85%以上，这表明人们越来越喜欢观看CBA比赛，赛事质量越来越高，并且一般俱乐部所在地区的经济也比较发达，因此场馆因素就成了俱乐部门票经营的主要影响因素。经过调查各俱乐部场馆的具体情况发现，场馆观众席最多的是青岛双星雄鹰俱乐部的主场馆——青岛体育中心国信体育馆，其能容纳观众12500人；其次是山东黄金金狮俱乐部的主场馆，其能容纳观众8000人；其余的俱乐部能容纳观众人数的均值在5000人左右。而NBA各俱乐部的主场馆容纳人数基本上都在20000人以上。由此可见，仅靠门票的销售策略，是能获得可观的门票收入的，各俱乐部必须扩大主场馆的面积，增加座位席；另外，在门票销售过程中定价策略也很重要，应根据观众的需求、经济收入等情况制定不同的门票价格。

②场馆经营。

随着CBA赛事质量和观赏性的提高，国内观众越来越喜欢观看CBA比赛，观

① 张文健．职业体育组织的演进与创新［M］．北京：北京体育大学出版社，2006：52.

众和球迷也越来越多，为观众提供方便、舒适、愉悦的观赏体验和满意的消费记忆是职业篮球俱乐部的职责。一座先进的球馆（无论大小），即一个综合性的文娱场所，应该是可以看球、听音乐、吃饭、喝咖啡、逛体育文化用品商店的，只有这样，才能在体育场馆经营的产业链上得到更加丰厚的收益①。另外，场馆的豪华包厢应为球迷提供“头等舱”式的服务，普通包厢应为球迷提供宴会式的服务，如提供多种食物、专属服务生，在椅背后附有放置饮料的容器等。让观众尽量地感受到身心的放松、优越的服务、公平的比赛环境和社会中所缺乏的另一种美的享受。比赛场馆内部设置中最重要的是要设置有利于媒体工作的工作区和环境，使各种媒体都能快速、准确地对 CBA 的精彩赛事播报，以赢得更多的收益。在比赛期间，NBA 每天为世界各地上千家媒体提供咨询，还向世界各国发出采访证；2002—2003 赛季，总共发出 2454 张采访证，来自世界各地 48 个国家的媒体采访了 NBA 比赛。NBA 充分利用电视媒体的作用，为其大力宣传，并获取巨额电视转播费。除此之外，场馆的停车位、场馆周围店面及招商也是场馆经营中的盈利项目。

③特许产品。

CBA 特许产品是指联盟授权企业生产和销售的与 CBA 职业联赛知识产权相关的商品，特许企业以向 CBA 交纳特许权费的方式获取生产或销售特许商品的权利②。目前 CBA 的观众和球迷数量每年都在大幅度地增长。以北京为例，北京金隅队自从在 2011—2012 赛季获得总冠军后，2012—2013 赛季观众数量大幅增长。据统计，在北京金隅队获得冠军后，北京电视台体育频道因为转播北京金隅队的比赛，收视率提高了 3 ~4 倍。这大大地扩大了北京金隅队的品牌影响力，如果北京金隅队根据自己独有的特点，制作特许产品，那么将是其未来的盈利点之一。因此，各俱乐部应积极开发自己的特许产品，争取多创造盈利点。

④地方电视转播权、地方网络媒体。

NBA 的主要盈利点是电视转播权，其占俱乐部总收入的 60% 左右。媒体有能

---

① 师灿斌．中国男子职业篮球联赛发展路径的研究［D］．上海：上海体育学院，2009.

② 张科．美国职业篮球联盟（NBA）商业模式对中国职业篮球（CBA）商业化运作的启示［D］．成都：西南财经大学，2011.

力使人们想什么、如何想，即媒体操控着观众的心性①。NBA 媒体主要以揭露事件和球星报道为主题，影响观众的态度②。中国职业篮球俱乐部的电视转播权在俱乐部收入中几乎是零。地方电视转播权相对于中央电视台转播权更容易获得，俱乐部应该开发所在地的电视转播权收入，同时增加地方网络媒体的盈利点。另外，俱乐部的盈利点还有来自篮球管理中心为了保持俱乐部的利益均衡，给予俱乐部的资金补助和少量的员转会费等。

（3）实施高效的盈利措施

①建立职业化、标准化的篮球比赛场馆。

有关资料表明，CBA 各俱乐部的比赛场馆容纳观众的数量一般在 5000 人左右，而 NBA 的比赛场馆可容纳观众的数量在 20000 人左右，两者差距非常大。由此可见，在门票的收入上，两者的差距也是相当大的。因此，CBA 应加强俱乐部比赛场馆的建设和加大投入，增加观众座位，建设国际化、现代化的场馆。俱乐部门票收入受场地限制，其发展是有限的，但这并不能排除门票在俱乐部盈利模式中所占的重要位置，门票收入数量的稳定性是俱乐部盈利模式中比较可控的指标，因此其对俱乐部来说是收入来源的基本保障。另外，门票的销售应该采取多种策略，如销售学生、家庭、企业、事业单位的套票及单价票等，并根据地区经济、观众收入和球迷需求等情况采取不同的票价措施。

②打造个性化俱乐部名称，提高俱乐部的知名度。

公司名称是指公司依法专有的与其他公司相区别的一种文字标志。它是公司人格化、特定化的标志，也是维系和表彰主体商业信誉的标志③。中国职业篮球俱乐部的名称多数是以投资集团的名称命名的，缺少职业体育本身的精髓，并且有的职业篮球俱乐部名称比较复杂，观众可能都认不出来，更别说记住名称了。各俱乐部要选择适合自己俱乐部特征的，并能够代表俱乐部文化、容易被观众记住的名称，以树立俱乐部的形象，提高宣传能力，扩大俱乐部的影响范围。

纵观 NBA 俱乐部名称可以看出，NBA 的许多球迷都被俱乐部的不同凡响的名

① FORTUNATO J A. Public relations strategies for creating mass media content: A case study of the National Basketball Association [J]. Public relations review, 2000, 26 (4): 481-497.

② FORTUNATO J A. The television framing methods of the National Basketball Association: An agenda-setting application [J]. Atlantic journal of commcuication, 2001, 9 (2): 166-181.

③ 雷兴虎. 公司法学 [M]. 北京：北京大学出版社，2012：91.

称所折服，如森林狼、热火、灰熊等，其表现出了俱乐部的霸气和朝气。从俱乐部的名称可以看出，NBA 各个俱乐部的名字前半部分是以球队所在的州或者市命名的，后半部分都是以观众喜闻乐见的、容易记忆的标志物命名的，并且联盟规定俱乐部名称不准植入广告名称。而中国职业篮球俱乐部的名称都比较难记，原因是不同的广告商植入俱乐部名称，且俱乐部名称经常更换，使人不容易记住。另外，在徽标（logo）设计方面，两者也有差距，NBA 各俱乐部 logo 的设计比较有艺术感和动感，并且每个 logo 上面都显示 NBA 各球队的主要名称，使观众一看到 logo 就知道是哪支球队，而 CBA 在这方面与 NBA 相比还有一定的差距。

③增加球队数量和比赛场次，并延长比赛时间。

NBA 共有 30 支球队，在 2007—2008 赛季就已经有 1892 场比赛。而 CBA 共有 17 支球队，在 2012—2013 赛季进行了 309 场比赛。由此可知，只有较多的球队加入到联赛中来，联赛的规模才能扩大，联赛的场次才能进一步增多，市场化的规模才能相应扩大，增加球队数量是联赛进一步发展与扩大的根本①。

④提高比赛质量，开发明星球员。

像开发产品一样去开发球员是 NBA 几代经营者都深谙的营销策略。NBA 史上有许多巨星，如乔丹、奥尼尔、艾弗森、加内特、麦迪、姚明等，很难说球迷们是因为 NBA 而喜欢上他们的，还是由于他们的存在而钟情于 NBA 的。多年来，造星运动吸引了越来越多的优秀篮球人才，成就了 NBA 球场上无数巨星，而巨星的出现又反过来会吸引无数的球迷，形成更大的市场号召力。一支球队的球员在球场内所表现出的专业水准对开发其市场价值是非常重要的②。CBA 的球星效应还没有得到很好的开发。从市场拓展的角度来说，市场的拓展，直接得益的必然是职业篮球俱乐部及 CBA，而球星同样是市场拓展成功的受益者。对球星的所得收入应进行明确的规定，如球星所得的广告费或者赞助费由联盟、俱乐部和球星按比例分配；联盟负责球星的培养，俱乐部负责球星的具体工作，三者之间的收入分配按照约定划分，如联盟的收入占总收入的 25%、俱乐部的收入占总收入的 40%、球星的收入占总收入的 35%。

---

① 魏磊. CBA 与 NBA 赛制、市场、文化的比较研究［D］. 苏州：苏州大学，2008.

② 赵长杰. 北美职业体育经营模式对我国职业体育发展的启示：基于 2008 年奥运会后的分析［J］. 体育与科学，2011，32（3）：95 - 101.

⑤篮球主题公园的建立。

各个职业篮球俱乐部可通过募集资金，与企业、体育局等相关部门在经济比较发达和人口比较密集的城市建立篮球主题公园，其内容包括篮球比赛、篮球娱乐活动、各种篮球服务、篮球的历史，以及相关宣传片、微电影等，让所有参与到篮球主题公园中的人们都能够感受到篮球的无限魅力。除此之外，篮球主题公园还可包括家庭度假酒店，主要提供给愿意留在主题公园来感受篮球魅力的家庭。建立标准的、国际化的比赛场馆，为球迷带来独一无二的现场观看比赛的体验，场馆中多媒体的娱乐方式、高品质的礼仪服务和各种零售业将会给球迷带来全方位体验。

（4）完善盈利屏障

中国职业篮球俱乐部盈利屏障是指为防止职业篮球俱乐部盈利源和盈利点被其他替代品代替而采取的防范措施，它解决的是如何保护盈利点，使俱乐部保持优势。目前，中国职业篮球俱乐部还没有享受到比较实惠的政策，如税收减免政策一直是职业俱乐部希望享受的优惠。美国的税法规定，允许减少美国职业球队应该上缴的所得税，在出售球队时资产增值部分也减免税收，运动员合同也减增值税①。正是有了这些税收政策，美国职业体育俱乐部才会发展得如此壮大。税收政策是发展职业体育的一个助推器，可以吸引更多的企业为篮球事业的发展做出贡献。根据《今日美国》报道，20 世纪 90 年代在北美就有 90 亿美元投入新职业体育设施建设，令人震惊的是，其中每 5 美元资金，就有 4 美元来源于公众②。在中国企业体制的诸多特点中，有一个特点就是经济、政治和教育组织之间存在着紧密关系③。中国的一线城市，如北京、上海等，是职业体育产业最容易发展起来的城市，政府应提供更多的优惠政策，让企业能够自愿地投资建设职业体育场馆。

① 王庆伟．我国职业体育联盟理论研究［M］．北京：北京体育大学出版社，2007：66.

② 夏普，雷吉斯特，格里米斯．社会问题经济学［M］．郭庆旺，译．北京：中国人民大学出版社，2000：242

③ 卡拉克·J. 米勒，王报换，崔存明．政府在企业与科技发展中的作用：可供中国参考的几种思路［J］．国外理论动态，2006（7）：34.

4.2.3.5 中国职业篮球俱乐部盈利模式的特点

（1）普及与提高相结合的发展方针

中国职业篮球俱乐部在提高俱乐部各项收入和赛事水平的同时，肩负着普及大众篮球知识的义务。俱乐部在训练和比赛之外，应多参加公益活动和慈善活动，应与广大球迷加强交流，为俱乐部培养更多的忠实球迷。

（2）不可复制性

中国职业篮球俱乐部所走的道路和所处的社会环境、经济环境，是任何一个国家都无法效仿的，由此建立起来的盈利模式也不可能完全被其他国家复制。另外，中国目前有17个职业篮球俱乐部，随着职业篮球的发展，今后职业篮球俱乐部的数量肯定会有所增加，中国有56个民族，每个民族的文化和习俗都不一样，而职业篮球俱乐部遍布中国的不同省市，因此俱乐部的文化也会入乡随俗，与当地文化结合起来，形成有特色的职业篮球俱乐部。

（3）应变性

一成不变的盈利模式是不存在的，它会随着客户的需求和市场的变化而不断地完善。

4.2.3.6 小结

中国职业篮球俱乐部的盈利模式包括盈利源、盈利点、盈利措施和盈利屏障。中国职业篮球俱乐部需要扩大盈利源和盈利点，实施高效的盈利措施，建立完善的盈利屏障。中国职业篮球俱乐部，不仅仅是一个经济单元，更担负着中国篮球事业发展的重任。作为职业篮球俱乐部，片面追求利益最大化，势必使盈利离俱乐部越来越远。运用科学的手段，从俱乐部所面临的市场需求入手，从俱乐部能够提供的服务做起，用一种对篮球事业高度负责的精神和为客户提供最优服务的态度，寻找潜在的市场，从“把手给我”真正转变为“请抓住我的手”，实现俱乐部与所有客户的互进共赢。

4.2.4 中国职业篮球俱乐部战略资源的构建

企业战略目标体系的建立必然涉及企业资源的配置问题。企业的资源，包括人力资源、实体财产和资金。在任何情况下，战略目标都需要在相当长的一段时间内集中于一系列的特定的项目活动，而实施这些活动需要有足够的资源作为保证。资源对战略目标实现具有保障作用，企业战略目标体系的建立，必须充分考虑企业资源状况，为资源分析和配置奠定基础①。职业体育俱乐部是否具有竞争优势，很大程度上依赖于俱乐部独特的具体资源，竞争的资源基础发生显著变化是经营模式创新的源头。职业篮球俱乐部的战略资源与一般企业的战略资源相比既有相同的一面，又有其特殊之处。对职业篮球俱乐部的战略资源进行研究，可以有效地开发、管理、利用相关资源，提高职业篮球俱乐部的经营效率和促进职业篮球事业的发展。

4.2.4.1 职业篮球俱乐部战略资源识别

（1）战略资源的内涵

企业战略资源是指企业用于战略行动及其计划实施的人力、物力、财力等资产的总和。企业战略资源包括核心竞争力和潜在资源，这些战略资源是企业战略转化成行为的前提条件和物质保证②。

（2）战略资源的识别

确定战略资源需要从一个整体、系统的角度检验，即把内部分析与外部分析结合起来，这样才能使俱乐部对战略资源的认识更全面、清晰、合理，进而更好地理解和识别如何培育与保持竞争优势。以下是不同学者对企业战略资源的相关研究。

崔杰在《企业战略资源的评估》一文中讲到，战略资源包括以下八个方面。其一，采购与供应实力。企业是否具备有利的供应地位，与自己的供应厂家关系是否协调，是否有足够的渠道保证，能否以合理的价格来获取所需的资源。其二，生产能力与产品实力。企业的生产规模是否合理，生产设备、工艺是否能够跟得上潮流，企业产品的质量、性能是否具有竞争力，产品结构是否合理。其三，市场营销与促销实力。企业是否具备了开发市场的强大实力，是否有一支精干的队伍，市场策略是否有效等。其四，企业的获利能力与经济效益是否处于同行前列，企业的利润来源、分布及趋势是否合理，各项财务指标及成本状况是否正常，融资能力是否强大等。其五，人力资源的实力。企业的领导者、管理人员、技术人

① 张超．铁路信息服务企业战略资源配置方法的研究［D］．北京：北京交通大学，2007：33.

② 崔杰．企业战略资源的评估［J］．中外企业家，2004（6）：48.

员等素质是否一流，其知识水准、经验技能是否有利于企业的发展，其意识是否先进，企业的内聚力如何等。其六，技术开发的实力。企业的产品开发和技术改造的力量是否具备，企业与科研单位、高校的合作是否广泛，企业的技术储备能否在同行业中处于领先地位。其七，管理经营的实力。企业是否拥有一个运行有效、适应广泛的管理体系，企业对新鲜事物的灵敏度如何，反应是否及时、正确，企业内是否有良好的文化氛围，在企业内是否形成良好的分工与合作，能否进行有力的组织等。其八，时间、信息等无形资源的把握能力。企业是否能充分去获取、储备和应用各种信息，时间管理是否合理等①。

张耘在《首都城市可持续发展的战略资源》一文中提出：企业战略资源是企业竞争优势的源泉，是有利于形成企业核心竞争力的有形资源、财务资源、人力资源以及组织资源的总和。在企业的资源中选择出的“企业战略资源”必须满足三个条件：第一，该资源能否帮助企业建立或维持企业的竞争优势；第二，是否是独一无二的资源；第三，企业是否处于能充分开发和利用这些战略性资源的位置上②。

哈默尔在经营模式的理论模型中提到战略资源包括三个部分：核心竞争力、战略资产和核心流程。其中，核心竞争力包括技术和独特的能力；战略资产包括商标、专利、基础设施、专有标准、客户资料及其他稀少而又颇有价值的东西；核心流程是指从投入到产出的转换中使用的方法和惯例③。

朱杰在《体育资源管理》中提到，体育资源既包括有形的物质资源，也包括无形的非物质资源。体育资源定义为：凡是能够为体育事业的发展提供产品、地域、文化、管理、教育、科研等支持的资源，均可视为体育资源，从体育资源属性上考察，体育资源既包括自然资源，也包括社会资源④。

通过文献资料的总结可以得出，战略资源的内容包括：核心竞争力、战略资产和核心流程等。

4.2.4.2 中国职业篮球俱乐部战略资源的内容

通过对相关理论和体育资源的研究得出，核心竞争力主要是指技战术水平，

---

① 崔杰．企业战略资源的评估［J］．中外企业家，2004（6）：48.

② 张耘．首都城市可持续发展的战略资源［J］．城市管理与科技，2007（5）：46－51.

③ HAMEL G. Leading the revolution［M］. Boston：Harvard Business Revlew Press，2002.

④ 朱杰．体育资源管理［M］．北京：北京体育大学出版社，2010：3.

包括技术和独特的能力，运用到俱乐部中主要是指俱乐部的比赛成绩和技战术水平。战略资产是指能给俱乐部带来竞争优势的资产。通过访谈中国职业篮球俱乐部的经营负责人了解到，他们认为俱乐部的核心竞争力是优秀的职业篮球运动员。图 13 为俱乐部战略资源结构图。

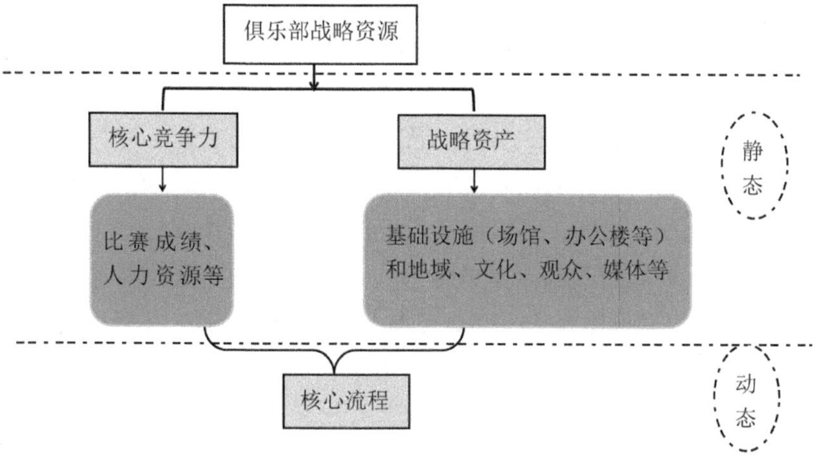

图 13　俱乐部战略资源结构图

（1）核心竞争力

球队的比赛质量直接影响比赛的精彩度，比赛是俱乐部生产的主要产品，如果没有比赛，俱乐部也就没有存在的意义。从一般意义上讲，俱乐部的经营收入与竞赛活动的层次级别成正比，即竞赛次数越多，竞赛级别越高，俱乐部的经营收入越多。竞赛水平高的俱乐部有机会参加国内外比赛，包括国内外商业比赛，而且因为竞赛级别高，对抗激烈，观众踊跃观看，所以俱乐部可获得较高的门票定价与销售额及理想的电视转播权售价①。为了提高职业篮球俱乐部的比赛激烈程度，俱乐部想尽办法引进国外明星球员，虽然明星效应对观众来说很有吸引力，但是我国职业篮球运动员水平相比欧美国家优秀篮球运动员水平仍有一定的差距，如果只是一味地引进国外明星球员和高水平球员，不仅不能提高我国职业篮球的水平，而且时间长了，观众会因国内球员技术水平与国外球员技术水平差距大，

① 刘平江．体育俱乐部的经营与管理［M］．北京：北京航空航天大学出版社，2009：26.

而对国内职业篮球失去兴趣，同时相关俱乐部还要支付引进外援的巨额成本。因此，中国职业篮球俱乐部应有选择地引进外援，而不只是引进明星球员，要引进能提高中国职业篮球水平的球员。职业体育比赛的结果本身就有许多不确定性，比赛越激烈，比赛结果越不确定，比赛就越受观众的喜爱。比赛的激烈性和比赛质量水平的提高需要各种资源的有效配置，尤其是人力资源，它是战略资源的重要组成部分，对经营战略目标的各个环节的实现起着承上启下的作用。

在现代社会，人力资源是组织中最有能动性的资源，如何吸引到优秀人才，如何使现有人力资源发挥更大的效用，支持战略目标的实现，是每一个领导者都必须认真思考的问题。体育的性质决定了体育人力资源不仅要有相应的理论知识，还要具备一定的体能、技能，否则就不可能成为高质量的体育人力资源①。NBA 人才资源理论认为，要想选择高水平的球员，首先必须把全世界高水平球员纳入可选择的范围②，如果职业体育俱乐部重视人力资源建设，那么在全社会会形成一种良好的尊重知识、尊重人才、勇于探索、不断创新的风气，我国的职业体育俱乐部将充满无限希望。

中国职业篮球俱乐部的人力资源主要包括职业篮球运动员、教练员和俱乐部的管理人员。目前，我国职业篮球运动员的培养一般由体校培养或者是球探在全国寻找具有篮球天赋的运动员，这些运动员从小就被选中并开始进行专门的篮球训练，几乎与正常的教育脱节。这样培养出来的运动员虽然技术比较熟练，但是欠缺系统的文化教育，很难成为世界顶尖级运动员。我国在教练员培养上存在培养体制不完善的问题。年纪比较大、资质比较老的教练员，目前还在带队，年轻教练员跟不上，教练员出现青黄不接的现象。另外，俱乐部的职业管理人员一般都是非体育人士，不懂体育，只是临时受命管理体育。这些情况使中国职业篮球俱乐部的发展面临很严峻的问题，因此构建人力资源培养体系迫在眉睫。本文认为俱乐部人力资源的体系构建包括一个核心、四个措施、四个保障，如图 14 所示。

---

① 朱杰．体育资源管理［M］．北京：北京体育大学出版社，2010：3.

② 毕海萍．从 NBA 人才管理中得到的启示［J］．包钢科技，2006（5）：78－80.

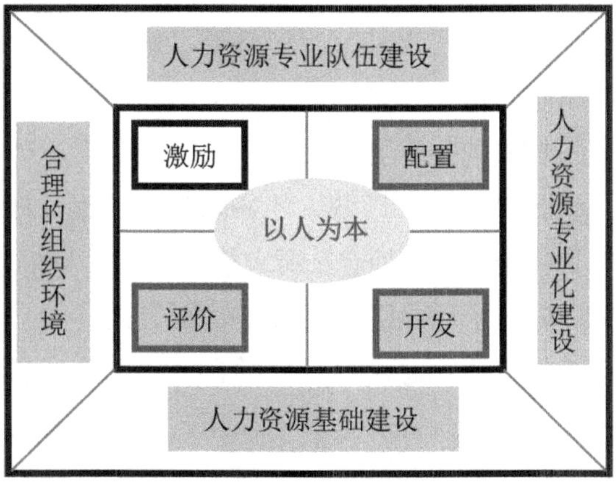

图 14　俱乐部人力资源的体系构建

①一个核心：以人为本。

俱乐部的发展是与职业运动员、教练员和职业经理人的能力发展相互依赖的。教练员不断鼓励运动员提高技术水平，职业经理人不断给教练员提供培训机会，让教练员提高执教水平；俱乐部也希望拥有帮助俱乐部发展的职业经理人，这些人力资源能力的增强，有利于俱乐部提高核心竞争力，赢得比赛的胜利，实现俱乐部的战略目标。俱乐部在重视人的能力的同时必须重视人的本身，激发运动员、教练员和职业经理人在实现自我价值的基础上为俱乐部创造价值。这是俱乐部人力资源建设的核心理念，即以人为本。

②四个措施：配置、开发、评价、激励。

基于俱乐部的战略目标所需要的人力资源，引进满足战略需求的人力资源，对现有的人力资源进行调整和职位优化，建立有效的人员进退机制，输出不满足本俱乐部发展的人员，输入本俱乐部需求的人员，实现各俱乐部人力资源的合理流动，如有的运动员的打法在某个俱乐部不能得到很好的发挥，而到另一个俱乐部则成为首发队员。教练员和职业经理人也是如此。这就涉及人力资源的有效配置，它是人力资源体系构建的一个重要措施。

俱乐部人力资源的开发和培养要从素质和质量上保证满足俱乐部战略目标的需求，制订教练员、运动员和职业经理人的培训计划，使他们的职业能力的发展满足职业篮球俱乐部的发展需求。培养职业运动员要注意以下几点。运动员要掌握篮球技术与战术知识。运动员要了解其他科目知识结构，体育专业知识、医学专业知识、文学知识，虽然不要求精通，但是要了解。除此之外，还要研习一门非体育的课程。培养职业篮球运动员的职业精神和爱心，职业运动员这些素质不是只练习专业技能就能养成的，需要体教结合。时任北京市体育局局长李颖川指出：北京将在校园内开展“1248”后备人才梯队建设工程，即三大球（篮球、排球、足球）每一个项目在全市至少拥有2所大学、4所中学和8所小学的重点示范校，形成横向强基础、纵向求质量、层层衔接、逐层拔高的一条龙体教结合的人才培养衔接链条。时任国家体育总局局长刘鹏在全国体育局长会议上提到：在后备人才培养方面充分发挥传统校和普通校的作用，扩大选材面，同时鼓励社会力量办业余训练，形成多元化的培养、输送机制。在教练员培养方面加强教练员队伍建设。充分发挥各级各类教练员学院的作用，加强对教练员的培养，提升教练员队伍整体水平。职业篮球的教练员队伍包括主教练、助理教练、体能教练、队医等。主教练可以在退役的有丰富实践经验的运动员中培养；助理教练可以在还未退役的运动员中培养；体能教练、队医等可以由体育院校培养，经过考核上岗。俱乐部人力资源的开发与培养是实现人力资源体系构建的一项重要基础。

对俱乐部人力资源的职业素质和能力进行客观评价，能为俱乐部的各项人力资源和俱乐部的发展提供决策依据。目前俱乐部在人力资源建设上还没有具体的评价体系，始终是以比赛成绩为单一的评价指标。俱乐部法人以俱乐部是否取得好成绩来评价职业经理人是否合格，职业经理人也以比赛的输赢来考察教练员，教练员以比赛的胜负来评价外援水平的高低。这些评价标准都不适合俱乐部的可持续发展，评价标准的正确与否对俱乐部的健康持续发展具有重要作用。

根据俱乐部的目标需求、俱乐部员工的能力和表现，对他们进行激励；通过制定合理的工资待遇和长期的激励措施，充分发挥运动员、教练员和职业经理人的潜能，使他们在为职业篮球俱乐部创造价值的同时，实现自己的价值。

③四个保障：专业队伍、专业化、组织环境、基础建设。

人力资源的专业队伍建设是构建人力资源体系的重要保障。中国职业篮球俱乐部的人力资源对专业队伍有着特殊的要求，对人力资源专业人员的能力和素质有着严格的要求。运动员不仅要有高超的球技，还要有职业精神和职业道德；裁判员不仅要有公平公正的执法精神，还要有很高的专业素养；职业经理人不仅要有专业的管理水平，还要真正懂篮球并热爱篮球事业。

人力资源的专业化建设是构建人力资源体系的专业保障。人力资源的专业化建设包括组织系统的岗位分析，明确每个岗位的工作职责、工作权限、工作条件和任职资本。公司根据业务和职位特征设定相应的定员标准，组织系统的岗位评价，并将其作为指定薪酬序列的重要依据①。

合理的组织环境是构建人力资源体系的重要外部保障。从俱乐部的战略目标出发，设定俱乐部的组织架构，细化每一个人的工作岗位，并根据俱乐部外部环境对俱乐部的各个岗位和机构设置进行调整。

人力资源的基础建设是人力资源体系正常运行的基本保障。为保证人力资源体系正常运行，要建立一套人力资源的管理体系，为各项人力资源的管理提供依据。

（2）战略资产

①场馆资源。

各个职业篮球俱乐部应加强主场比赛场馆的建设，打造标准的、国际化的比赛场馆，为球迷带来独一无二的现场观看比赛的体验，场馆中多媒体的娱乐方式、高品质的礼仪服务和各种零售业将会给球迷带来全方位的体验。篮球场馆建设应体现“以人为本”的指导思想，在设计上强调服务升级的理念，如为包厢提供多种食物、专属服务生等。在主场比赛期间，俱乐部应善于营造现场气氛，比赛间隙要有啦啦队的劲舞表演和吉祥物的高难度动作表演，以及与现场观众的互动活动。伴着动感的音乐和五彩闪烁的灯光，使观众得到一种全身心的享受。篮球主题公园建设有酒店、比赛场馆、训练场馆、身体康复中心、青少年篮球后备人才选拔和培训基地等，使广大球迷近距离地接近篮球，了解篮球，喜爱篮球。

②俱乐部文化。

俱乐部文化就是用共同的愿景将大家凝聚起来，使俱乐部成员以共同的价值观自觉地监督与调节自己的活动，从而增强俱乐部的凝聚力、向心力，齐心协力地实现俱乐部的战略目标。

企业文化就是企业的头脑，企业文化和企业道德是一种内在的价值理念，也

① 百朗教育．战略性人力资源管理［M］．北京：北京燕山出版社，2010：13.

是外在约束的一种表现，制度总是落后于企业的发展，在制度建立起来之前，企业文化可使企业少走弯路，时时刻刻约束企业的不轨行为①。一个运动项目，如果没有深厚的文化积累，没有独特项目的文化传承、引领和推动，是不可能成为一项适应现代社会发展的、具有广阔前景的事业②。俱乐部文化对俱乐部长期的经营业绩有着重大的影响，每个俱乐部制定企业文化要注意以下几个原则：强化以人为本；表里如一，不搞形式主义；每个俱乐部文化要突出独特性，独树一帜；继承民族传统文化的精髓。企业文化的形成需要时日，同时也需要杰出的具有经营管理能力的领导者，这些领导者必须具有敏锐的洞察力，清楚哪一类型的企业文化可以促进企业经营业绩的增长。每个俱乐部要有属于自己的文化，这种文化对平民百姓有一定的影响作用，对青少年更有激励和鼓励的作用。

篮球既然是西方的舶来品，其本身必定浸透了西方文化的精髓，在中国，发展篮球一定会遇到两种不同文化的交融，西方国家的文化强调开放、胆大、个人英雄主义，而中国的儒家文化倡导礼让、谦恭③，这对个人的发展有一定的影响，尤其是职业体育运动，它需要一种自信，一种霸气，需要英雄主义。当然篮球不只是个人主义，更是集体项目，从运动训练学中的项群理论上来讲，篮球属于技能主导同场对抗性集体项目，它的特点是在整体训练基础上，十分强调个体训练内容的专门化，使个体特长更突出④。中国文化历来重视集体主义精神，在职业体育运动中不仅要有集体主义精神，还要体现个人魅力。

③地域资源。

中国职业篮球俱乐部截至 2012 年底有 17 支队伍，分布在以下 12 个省、直辖市：广东省、江苏省、浙江省、山西省、辽宁省、山东省、吉林省、陕西省、福建省、北京市、上海市、天津市。相对于我国这个人口大国来说，职业篮球队伍太少。因此，我国应充分利用地理和人口资源，发展职业篮球，尽可能地在全国扩大职业篮球队伍的影响力；做到每个省、自治区、直辖市至少有 2 支球队，且这 2 支球队应分布在不同的市、区，使 CBA 的品牌遍布全国。

① 马来焕．校园文化价值取向［M］．北京：北京理工大学出版社，2012：64.
② 李元伟．李元伟篮坛风云路［M］．北京：中国书店，2010：267.
③ 李元伟．李元伟篮坛风云路［M］．北京：中国书店，2010：272.
④ 田麦久．运动训练学［M］．北京：高等教育出版社，2006：482.

④观众和球迷。

近年来随着 CBA 赛事水平的不断提高，越来越多的人成为其球迷。据统计，2012 年观看 CBA 比赛的观众人数达到 128．8745 万人，但是于我国的人口基数而言还是太少。

⑤媒体。

“媒体”指的是报纸、杂志、图书、广播、电视等信息的载体及其发行机构①。对人、财、物、时间、场所、信息等要素的塑造都离不开媒体②。职业篮球俱乐部的媒体一般包括报纸、杂志、网络和电视等，虽然所有的媒体与职业体育俱乐部都有着一定的联系，然而最重要的还是电视，因此，为了职业篮球真正得到发展，成为我国重要的第三产业，应该重视电视媒体对职业篮球的作用，使电视能够更好地服务于职业篮球的发展。另外，网络、报纸、杂志、图书也是促使职业篮球俱乐部发展的重要媒介。今后手机媒体也会成为职业篮球俱乐部的重要资源。媒体对职业篮球俱乐部的效益会有直接的影响，其不仅可以带来直接效益，而且可以带来间接效益③。

⑥信誉。

信誉是一种无形资产，具有资产的属性。信誉无论是个体层面还是社会层面都有投入资源。想要获得良好的信誉，则需要经过一段时间的证明，并且要通过广告宣传等品牌塑造活动。信誉不会像流动的财产那样在使用中使其价值消耗殆尽，它在使用中有可能增值，主要表现在节约交易成本、促进合作功能等方面④。

⑦政府资源。

任何一个国家的职业体育发展都离不开政府的干预作用，美国的四大职业体育联盟（美国职业橄榄球大联盟、美国职业棒球大联盟、美国职业篮球联盟和美国冰球联盟）的发展虽然已经比较成熟，但还是要得到政府的支持和保护；而中国职业体育组织，更离不开政府这个强大的后盾，支持中国职业体育发展的政府部门主要是国家体育总局和体育局，其不仅对职业体育发展有支持和保护作用，

① 廖圣清．20 世纪 90 年代西方大众传播学研究［D］．上海：复旦大学，2003.

② 易剑东．大型赛事报道与媒体运行［M］．杭州：浙江大学出版社，2008：37.

③ 刘清早．体育赛事运作管理［M］．北京：人民体育出版社，2006：205.

④ 刘金利．体育赞助的产权制度研究［M］．北京：北京体育大学出版社，2010：73.

更有指导和监督作用。政府给予职业体育俱乐部特殊的政策优惠，还指导、监督俱乐部正确行使自己的权利和义务，使之沿着正确的方向发展。

（3）核心流程

核心流程是指公司中的员工实际做的事情，是指从投入到产出的转化中使用的方法与惯例。核心流程是行动，而非“资产”或“技能”①。它是被用来将竞争力、资产及其他资源转换成最终价值的一种资源。相对于职业篮球俱乐部来说，核心流程就是把俱乐部的核心竞争力和战略资源转换为最终产品的方法和管理。例如，选拔人才的方法、训练的方法及将俱乐部产品转换成观众及客户需求的商品的方法。

4.2.4.3 中国职业篮球俱乐部战略资源的配置

资源配置，亦称资源分配或布局，是指在一定的自然、经济和社会条件下，为了满足人类社会需要和经营目的，对特定时期、地区的企业、生产单位各种生产资源的种类、数量及其结构与布局的安排和组合②。企业资源配置的根本目标表现为企业用最低的资源成本，保证企业各项经营活动的顺利进行，以取得最大的效益，实现企业利润最大化③。资源产品的配置方式，即指资源产品的市场或管制，资源配置必然引起资源在社会内部成员之间的竞争与合作④。职业篮球俱乐部战略资源既要受到市场的管制，又要受到政府的调控，这样才能达到合理的资源配置。

4.2.4.4 职业篮球俱乐部战略资源的特点

（1）稀缺性

战略资源的数量限定了它不能被所有职业篮球俱乐部共同使用。大多数俱乐部共有的资源，即使它是有价值的，也不一定会产生竞争优势。只有当某个俱乐部所实施的、具有创造性价值的战略资源不可能为其他企业所同时采用时，它才可能获得竞争优势。例如，明星运动员、高级管理者、教练员等。

---

① 加里·哈默尔．领导企业变革［M］．曲照光，赖溟溟，译．北京：人民邮电出版社，2002：61.

② 关涛．中国土地资源配置与可持续发展研究［D］．哈尔滨：东北农业大学，2002：14.

③ 张超．铁路信息服务企业战略资源配置方法的研究［D］．北京：北京交通大学，2007：18.

④ 李旭颖．资源类产品价格与国民财富［M］．北京：人民日报出版社，2010.

（2）发展性

由于战略实施周期长，随着社会的进步、经济的发展，原来稀缺的资源可能会变得十分丰裕，也可能发生相反的变化；因此，战略资源不是固定不变的，是随着社会和经济的发展而不断发展的。

（3）差异性

战略资源的差异性包含两个方面：不可模仿性和不可等效替代性。不可模仿性是资源价值创造的核心，因为它能够限制市场竞争。假如资源不可模仿，那么由它所创造的利润就很有可能长久维持；假如某种资源很容易被竞争者模仿，那么它只能创造临时性的价值和暂时的竞争优势。不可等效替代性，即竞争对手无法用其他资源取代这类资源的效用。如果不存在等效的替代性资源，那么这种资源创造的竞争优势就可以持续，如俱乐部的文化和品牌。

（4）成本性

职业篮球俱乐部在战略资源的开发过程中，为了实现战略目标，必然要有一定的投入，这些投入要素就形成了战略资源开发的成本代价。俱乐部需要投入基本的人力、物力、财力等资源去换取另一种比较稀缺的资源。由于资源开发成本的客观存在，因此就迫使俱乐部不得不考虑在战略资源开发的过程中，为获取战略资源，尽可能地以较小的代价获取最大的收益。

（5）效益性

职业篮球俱乐部战略资源的开发效益是因某项具有竞争优势的资源开发而给俱乐部或社会带来的整体效益，可以分为经济效益与社会效益两大类。提高俱乐部球员的技战术水平和增强俱乐部的盈利能力，不仅可促进职业篮球俱乐部的可持续发展，还可促进职业篮球市场的发展；而发展职业篮球俱乐部和职业篮球市场又能带来经济效益与社会效益的双丰收。

4.2.4.5 小结

中国是一个地大物博、资源丰富的国家，对体育来说更是如此，而中国职业篮球俱乐部只有 17 支球队，每支球队最多有 15 名运动员（包括外援），17 支球队分布在 12 个省、直辖市。由此可见，中国职业篮球可开发利用的资源还有很多，现在只是在资源利用的初级阶段，随着对中国职业篮球俱乐部资源开发研究的不断深入，相信中国会有越来越多的战略资源来支持职业篮球俱乐部发展。在媒体资源方面，俱乐部要积极与各类媒体合作，开发不同种类的媒体为俱乐部的市场做宣传。构建适合职业篮球俱乐部发展的运动员、教练员和管理人员培养体系，使各项资源达到合理配置。

4.3 中国职业篮球俱乐部经营模式的基本实现路径

本文在实践经验的总结、经营模式理论的凝练和提升的基础上，通过查阅资料对职业体育实现路径进行研究，得出中国职业篮球俱乐部的基本实现路径。

4.3.1 战略目标的实现路径

战略目标的实现需要盈利模式、管理体制和战略资源的相互配合、相互支持，同时也需要政府部门和俱乐部管理者的共同努力。

4.3.1.1 坚持中国职业篮球俱乐部职业化改革，突破制约职业化改革的障碍

中国职业篮球俱乐部的组建方式有两种：一是体育局与企业合资；二是企业独资。无论哪种形式的俱乐部，它的经营权只有冠名权和门票，其余的归篮协所有，篮协成为俱乐部的大股东，而篮协作为权力主体应参与职业篮球俱乐部的日常生产和经营。因此职业体育在日益国际化的背景下，需要突破旧的管理体制，加快职业体育俱乐部的改革和发展的步伐。与国外职业体育俱乐部一样，我国职业体育俱乐部的上市，迟早也会到来①。

4.3.1.2 要始终把盈利作为中国职业篮球俱乐部实现战略目标的首要条件

职业篮球俱乐部的性质决定了它是以市场为导向、以盈利为目的的企业法人。盈利是俱乐部实现职业化发展的基本目标，只有俱乐部盈利了，才能可持续发展，才能有其他目标的相继实现。只有俱乐部盈利了，才会以实现俱乐部的价值和其他目标为主，以盈利为辅，因为在不同的时期，俱乐部追求的目标不同。

4.3.1.3 制定适合职业篮球俱乐部发展的法律法规

通过访谈篮球管理中心有关负责人可知，目前针对中国职业篮球俱乐部制定的法律法规还不健全，只有相关的规章制度，如《中国男子篮球职业联赛纪律处

① 杨年松．职业竞技体育经济分析与制度安排［M］．北京：经济管理出版社，2006：109.

罚规定》《中国篮球协会章程》《中国男子篮球职业联赛委员会章程》《全国男子篮球联赛纪律处罚规定》，针对球迷的规章制度有《大型群众性活动安全管理条例》和《中华人民共和国治安管理处罚法》，虽然这些规章制度对俱乐部的发展起到一定的作用，但是还存在许多漏洞，只有不断地完善和制定新的适应中国职业篮球俱乐部发展的法律法规，才能做到有法可依、违法必究。

4.3.2　管理体制的实现路径

4.3.2.1　俱乐部相关管理部门的管理理念转变和权力下放

目前篮协对职业篮球俱乐部在经营管理方面管得过多、统得过死，造成各俱乐部自身造血能力不强，缺乏生机和活力，俱乐部的投入和产出不匹配。如果篮协把某些经营权下放到职业篮球俱乐部，并对职业篮球俱乐部进行宏观调控，会提高职业篮球俱乐部的经营效益。目前国内某些项目已经成功地完成职业化的改革，如网球运动。中国拥有李娜、郑洁和彭帅等国际上优秀的职业网球选手，她们之所以能够取得令世人瞩目的成绩，一方面取决于自身技战术能力的提高，另一方面取决于有关部门的管理理念的转变。网球是个人项目，进行职业化比较简单，不牵涉其他参与人员；而篮球是集体项目，群众基础非常广泛，它的职业化牵涉的范围比较广，因此应该建立联盟体制，逐渐建立成熟的规章制度，规范职业篮球俱乐部的职业化道路。

4.3.2.2　开发职业篮球俱乐部多元化经营渠道

职业篮球俱乐部拥有更多的经营权，可以提高职业篮球俱乐部经营的积极性，激励各俱乐部的发展，真正达到自主经营、自负盈亏的目的。

4.3.2.3　完善职业篮球俱乐部的法律法规

目前职业篮球俱乐部虽然有部分的法律法规，但不是很完善，应该有更多的俱乐部法律制度来保障职业篮球俱乐部的发展。

4.3.2.4　构建职业篮球荣誉制度

荣誉是人性的根本需求，是构成社会运转的原动力，这也是荣誉制度建立的必要性所在。中国职业篮球俱乐部目前比较重视比赛成绩，把职业篮球真正的价值趋向置之度外，所以在 CBA 比赛中，出现了双方球员互相打架、球迷起哄、裁判不公等秩序混乱的现象，这都是由于缺乏为职业篮球荣誉而战的正确的价值观和思想导向，因此构建职业篮球荣誉制度对中国职业篮球俱乐部的持续发展具有重要的意义。

职业篮球俱乐部作为盈利性的企业，主要的生产者是人，主要的产品是篮球比赛，消费者是观众。由此可以看出，职业篮球俱乐部所有的参与者都与人有关，俱乐部在追求利益最大化的同时，更希望获得荣誉，荣誉制度与俱乐部的管理体制及整个职业篮球的运转机制是不可割裂的，因此应该建立职业篮球荣誉制度，使更多的有识之士参与到职业篮球事业的发展中。

4.3.3 盈利模式的实现路径

①篮协应该将经营权下放到职业篮球俱乐部，俱乐部应消除资金上对政府的依赖，实行政企分开的管理机制，自负盈亏。

政府只起到宏观调控的作用，职业篮球俱乐部自己寻找融资渠道，解决资金问题，同时政府应该为职业篮球俱乐部提供相关的优惠政策，如提供减免税。减免税是指纳税人申请并经税务机关审查决定是否予以减免税制度①。国家可以把职业篮球俱乐部作为一个特殊的企业，列入国家减免税项目中。减免税是税收调节经济的重要手段，正确运用减免税可以促进产业的发展，优化产业结构，培养税源等②，因此政府给职业篮球俱乐部提供减免税优惠政策，对俱乐部的经营具有非常重要的意义。

②提高职业篮球俱乐部融资能力，使融资渠道多元化。

马克思曾对股份制公司做过高度评价：假如必须等待积累去使某些单个资本增长到能够修建铁路的程度，那么恐怕直到今天世界上还没有铁路。但是，集中通过股份公司，转瞬之间就把这件事完成了。在欧洲的职业体育俱乐部中，由于俱乐部的股份化改制使许多俱乐部获得了巨大的收益与发展，融资能力显著提高，为职业俱乐部的规模扩张提供了基础③。中国职业篮球俱乐部上市的最大意义在于解决长期以来制约其发展的融资难问题。职业体育俱乐部上市，股票的面值是按净资

---

① 曹胜亮，冯梅．税法［M］．北京：清华大学出版社，2012：162.

② 曹胜亮，冯梅．税法［M］．北京：清华大学出版社，2012：47.

③ 张文健．职业体育俱乐部向现代公司制转化的趋势［J］．上海体育学院学报，2006（3）：21－25.

产的规模来折算的，股票一旦上市，基本上都是溢价发行，市盈率较高，资本成倍增长。中国职业篮球俱乐部产权模糊是困扰其发展的主要难题，俱乐部上市必须是股份公司的法人组织形式，要对资产进行评估，各投资人按一定的比例享有股份，并承担风险，因此上市有利于解决职业篮球俱乐部的产权不清的问题①。

③职业篮球俱乐部在面向市场经营时，不仅要牢牢把握住利润最大化原则，而且要采取对观众负责、对市场负责的态度，提升职业篮球俱乐部的品牌形象。

④借鉴国外职业体育俱乐部的成功经验，加大对职业篮球资源相关产品市场的开发力度，深度挖掘各种资源，为球迷提供优质的赛事产品。

俱乐部根据市场需要合理组织经营活动，依照市场供求规律不断拓宽经营空间，形成以门票、商业比赛、广告赞助、电视转播、标志开发等相关产品并驾齐驱的经营体系，使俱乐部经营收益持续增长，经济上形成良性循环。

⑤与国外盈利的职业篮球俱乐部建立联谊，引进先进的职业篮球经营理念，结合自己的发展特色，经营中国职业篮球俱乐部。

4.3.4　资源开发

中国地大物博，人口众多，经济越来越发达，而体育的发展正需要这些资源的支持。目前中国职业篮球俱乐部只有 17 家，因此，可以在不同省、自治区、直辖市逐步扩大职业篮球俱乐部的数量，进一步寻找可利用的、能支持职业篮球俱乐部发展的相关资源，使 CBA 成为让世界人民喜爱的职业比赛之一。

① 陈元欣．职业体育俱乐部融资：理论与务实［M］．北京：北京体育大学出版社，2008：101－102.

5 结论与建议

5.1 结 论

①本文主要以一般企业经营模式为理论基础，其中哈默尔的经营模式理论对本文的研究起到重要的启发作用。笔者从宏观层面对中国职业篮球俱乐部的经营模式进行分析，结合微观层面的研究，并根据中国的国情，构建中国职业篮球俱乐部的经营模式，其主要包括四个方面的内容：战略目标、管理体制、盈利模式和战略资源。

②中国职业篮球俱乐部目前的经营模式主要有两种：一是篮球管理中心+体育局+企业+俱乐部；二是篮球管理中心+企业+俱乐部。这两种模式下的俱乐部经营权只有冠名权（包括球衣广告权）和门票权，除此之外没有任何其他的经营权，由此导致俱乐部在经营上是亏损的。现在的经营模式已经不符合职业篮球的发展趋势，落后于中国职业篮球乃至世界职业篮球的发展步伐。其在战略目标方面表现为“摸着石头过河”；在盈利模式方面表现为盈利模式欠缺，俱乐部经营几乎全部亏损；在管理体制方面表现为“管办不分”，缺乏合理的组织环境；在战略资源方面表现为缺乏有效的配置。

③在新建的经营模式中战略目标主要体现在：不断完善俱乐部的管理模式，强化俱乐部自制能力，循序渐进地提高赛事水平，培养明星运动员，满足球迷的需求，增加忠实的 CBA 球迷。加强俱乐部与球员对慈善工作的热情，积极与媒体合作，扩大俱乐部的影响力，同时重视地方电视转播对俱乐部的市场宣传作用，打造世界级的中国职业篮球俱乐部。

④中国职业篮球俱乐部的性质是企业，是市场经济条件下的产物，具有一般企业的经营特点。新建的管理体制，通过成立中国职业篮球公司，使管办分离；

在国家体育总局的宏观调控下，由篮协研究探讨俱乐部改革和发展的理论方针、政策，并对职业篮球俱乐部在发展中遇到的问题进行调研，向政府和中国职业篮球公司提出职业篮球发展的政策建议等。

⑤中国职业篮球俱乐部的盈利模式主要包括盈利源、盈利点、盈利措施和盈利屏障。战略资源包括核心竞争力、战略资产和核心流程，核心竞争力包括比赛成绩和人力资源。战略资产主要是俱乐部固定资产、地域、文化、观众、媒体等资源。核心流程主要是指俱乐部为实现经营目标而采取的方法和惯例。

⑥中国职业篮球俱乐部的经营模式包括战略目标、管理体制、盈利模式和战略资源四个维度，这四个方面是互相联系、相互促进和相互依存的关系。它们对中国职业篮球俱乐部经营模式理论和实践的发展具有重要的价值。

5.2 建 议

①强化职业篮球俱乐部自主经营、自负盈亏的理念，成立中国职业篮球公司，给职业篮球俱乐部更多的经营权和自主权，真正实现俱乐部的职业化发展。

②坚持中国职业篮球俱乐部的职业化改革，突破职业化发展的瓶颈，把盈利放在实现俱乐部战略目标的首位，重视球迷和观众的需求，并始终以市场需求为导向，完善职业篮球俱乐部的管理体制，管办分离，权责明晰，积极建立职业篮球俱乐部管理人才培养体系、运动员培养体系，重视资源开发对职业体育发展的作用，让职业篮球俱乐部资源得到有效配置。

③完善职业篮球俱乐部的法律法规和规章制度，做到有法可依、执法必严、违法必究，为俱乐部的职业化发展创造有利的环境；另外，建议国家给职业篮球俱乐部更多的优惠政策，如减免税收和放宽上市融资条件等，以此来促进职业篮球俱乐部的发展。

④提高职业篮球俱乐部融资能力，使融资渠道多元化。

⑤进一步开发 CBA 俱乐部的资源，寻找可利用的资源，提高俱乐部的资源配置效率。

5.3 难点、创新点和研究展望

5.3.1 难点

①本文的访谈对象是中国男子职业篮球俱乐部的总经理，由于俱乐部的经理日常事务比较多，而且分布在不同的省份，很难做到全面、详细的调查。

②本文研究的经营模式的四个维度，各个维度之间是相互联系、密不可分的，由于缺乏经营管理方面的专业知识，对于各个维度之间联系的紧密性无法很明确地表达出来。

③受传统观念和思维的影响，本文对中国职业篮球俱乐部的经营模式的内容很难概括得全面、精确。

5.3.2 创新点

①在研究视角上，本文引用一般企业的经营模式理论初步构建了中国职业篮球俱乐部的经营模式理论，其主要包括四个内容：战略目标、管理体制、盈利模式和战略资源。

②在研究内容上，本文初步建立中国职业篮球俱乐部的战略目标，管理体制的机构设置，盈利模式的盈利源、盈利点、盈利措施、盈利屏障，战略资源中人力资源体系，并提出了中国职业篮球俱乐部经营模式的实现路径。

5.3.3 研究展望

①中国职业篮球俱乐部经营模式在微观层面上还需要进一步探讨，本文只提出了战略目标、管理体制、盈利模式和战略资源的内容，每一个内容的具体要素及要素之间的关系还需要进一步研究，如新的经营模式的权、责、利应该怎样分配等。

②对经营模式的四个维度之间的关系还需进一步研究。

③目前国内外有许多流派的经营模式理论，本文是以哈默尔的经营模式为基础，并依据国内学者的经营模式研究内容和中国国情来确定经营模式的四个研究内容。如果采用其他经营模式的理论研究，可能会有新的发现，这方面还需要进一步探讨。

参考文献

［1］钟秉枢. 职业体育［M］. 北京：北京体育大学出版社，2006.

［2］鲍明晓. 体育产业：新的经济增长点［M］. 北京：人民体育出版社，2000.

［3］TIMMERS P. Business models for electronic markets［J］. Electronic markets，1998，8（2）.

［4］加里·哈默尔. 领导企业变革［M］. 曲罩光，赖溟溟，译. 北京：人民邮电出版社，2002.

［5］金占明. 战略管理：超竞争环境下的选择［M］. 北京：清华大学出版社，2010.

［6］石章强. 易模式：商业模式的三易法则［M］. 北京：北京理工大学出版社，2011.

［7］陈钧. 中国篮球职业化可持续发展战略研究［D］. 北京：北京体育大学，2001.

［8］张文健. 职业体育组织的演进与创新［M］. 北京：北京体育大学出版社，2006.

［9］张保华. 体育服务业研究［M］. 经济科学出版社，2009（11）：185.

［10］陈元欣. 职业体育俱乐部融资：理论与实务［M］. 北京：北京体育大学出版社，2008.

［11］鲍明晓. 中国职业体育评述［M］. 北京：人民体育出版社，2009.

［12］熊晓正，夏思永，唐炎. 我国竞技体育发展模式的研究［M］. 北京：人民体育出版社，2008.

［13］斯蒂芬·P. 罗宾斯，玛丽·库尔特. 管理学［M］. 7版. 孙建敏，等译. 北京：中国人民大学出版社，2004.

［14］雷兴虎. 公司法学［M］. 北京：北京大学出版社，2012.

［15］保罗·萨缪尔森，威廉·诺德豪斯. 经济学［M］. 萧琛，等译. 华夏出版社，1999.

［16］王庆伟. 我国职业体育联盟理论研究［M］. 北京：北京体育大学出版社，2007.

［17］夏普，雷吉斯特，格里米斯. 社会问题经济学［M］. 郭庆旺，译. 北京：中国人民大学出版社，2000.

［18］刘金利. 体育赞助的产权制度研究［M］. 北京：北京体育大学出版社，2010.

［19］曹胜亮，冯梅. 税法［M］. 北京：清华大学出版社，2012.

［20］杨铁黎. 职业篮球市场论［M］. 北京：北京体育大学出版社，2003.

［21］徐强胜，王少禹. 公司法原理精要与实务指南［M］. 北京：人民法院出版社，2008.

［22］李昌麒．经济法学［M］．北京：法律出版社，2007：153.

［23］百朗教育．战略性人力资源管理［M］．北京：北京燕山出版社，2010.

［24］马来焕．校园文化价值取向［M］．北京：北京理工大学出版社，2012.

［25］李旭颖．资源类产品价格与国民财富［M］．北京：人民日报出版社，2010.

［26］陈晓萍，徐淑英，樊景立．组织与管理研究的实证方法［M］．北京：北京大学出版社，2008.

［27］朱杰．体育资源管理［M］．北京：北京体育大学出版社，2010.

［28］李元伟．李元伟篮坛风云路［M］．北京：中国书店 2010.

［29］田麦久．运动训练学［M］．北京：高等教育出版社，2006.

［30］张耘．首都城市可持续发展的战略资源［J］．城市管理与科技，2007（5）.

［31］易剑东．大型赛事报道与媒体运行［M］．杭州：浙江大学出版社，2008.

［32］刘清早．体育赛事运作管理［M］．北京：人民体育出版社，2006.

［33］余守文．体育赛事产业与城市竞争力：产业关联·影响机制·实证模型［M］．上海：复旦大学出版社，2008.

［34］迈克尔·利兹，彼得·冯·阿尔门．体育经济学［M］．杨玉明，译．北京：清华大学出版社，2002.

［35］郭永波．篮球运动教程［M］．北京体育大学出版社，2005.

［36］马永鑫．论美国职业篮球联赛运营策略对中国职业篮球联赛的启示［D］．长春：吉林大学，2010.

［37］余来文．管理竞争力：基于战略、管理与能力的整合［M］．北京：东方出版社，2006.

［38］张林．我国职业体育俱乐部发展前景［C］//国家体育总局中国体育发展战略研究会．全国体育发展战略研讨会论文集，1998.

［39］刘涛，王荷英，陈群．我国职业体育俱乐部市场竞争力的构建［J］．辽宁体育科技，2003（6）：95－97.

［40］原磊．国外商业模式理论研究评介［J］．外国经济与管理，2007（10）.

［41］耿松涛．公共企业经营模式的研究：基于水务行业的分析［D］．天津：南开大学，2010.

［42］沈永言．商业模式理论与创新研究［D］．北京：北京邮电大学，2011.

［43］赵长杰．北美职业体育经营模式对我国职业体育发展的启示：基于 2008 年奥运会后的分析［J］．体育与科学，2011，32（3）.

［44］郑敬宣．注意力经济背景下职业体育产业经营模式分析［D］．北京：北京体育大

学，2010.

［45］叶广宇，万庆良，陈静玲. 政治资源、商业模式与民营企业总部选址［J］. 南开管理评论，2010，13（4）.

［46］陈菲琼，范良聪. 基于合作与竞争的战略联盟稳定性分析［J］. 管理世界，2007（7）.

［47］何先余，刘东宁. 从 NBA 看 CBA 的产品经营［J］. 沈阳体育学院学报，2004（2）.

［48］黄晓灵，黄菁. 职业体育俱乐部的经营收益［J］. 体育学刊，2005（1）.

［49］何蕊，何伟. 对我国职业体育俱乐部经营模式的探讨［J］. 体育成人教育学刊，2005（2）.

［50］骆秉全. 浅议美国四大职业体育联盟的经营发展及特点［J］. 体育文化导刊，2005（10）.

［51］冯维玲，许彩明. CBA 职业体育俱乐部运营状况及发展对策研究［J］. 山东体育科技，2011，33（2）：67－69.

［52］王郓. 中国职业篮球竞赛市场的运行机制研究［D］. 北京：北京体育大学，2006.

［53］李征. 对 NBA 盈利模式的研究［D］. 北京：北京体育大学，2010.

［54］赵芳. 中、美职业篮球俱乐部之比较［J］. 首都体育学院学报，2001（1）.

［55］杜丛新. 对职业篮球产权制度的研究：兼论中国产权制度的创新［D］. 北京：北京体育大学，2002.

［56］何斌. 中国职业篮球竞赛市场的消费需求研究［J］. 体育科学，2007（8）.

［57］蒋明朗，王永鹏，余燕，等. NBA 经营模式对中国职业体育的几点启示［J］. 山西师大体育学院学报，2004（1）.

［58］郭振玺. 媒介是企业的战略资源［J］. 大市场·广告导报，2005（1）.

［59］余来文，孟鹰. 动态环境下企业战略资源的整合与利用机制［J］. 贵州财经学院学报，2006（6）.

［60］高群盛. NBA 职业篮球俱乐部的经营方式探析［J］. 淮江工业学院学报（社会科学版），2005（4）.

［61］傅志龙. 美国男子职业篮球联赛（NBA）运营模式的探究［J］. 中国商界（下半月），2010（7）.

［62］凌平，何正兵. 美国职业体育管理体制初探［J］. 体育与科学. 2003（1）.

［63］王波，张忠林，李生民. 足球俱乐部盈利模式分析［J］. 广州体育学院学报，2003（6）.

［64］唐峰. 中国足球管理体制改革的理论研究［D］. 北京：北京体育大学，2006.

［65］黄大卫. NBA 与 CBA 俱乐部产权关系对比分析［J］. 赤峰学院学报（自然科学版），

2011，27（4）.

［66］毕海萍. 从 NBA 人才管理中得到的启示［J］. 包钢科技，2006（5）.

［67］张旭渝. NBA 人力资源管理对我国企业管理的启示［J］. 体育成人教育学刊，2007（4）.

［68］周永佳. 美国职业篮球联赛资源配置制度现状的研究［D］. 广州：华南师范大学，2007.

［69］金伟. 企业目标及企业战略目标［J］. 环渤海经济瞭望，2011（3）.

［70］孙克宜，秦椿林. 试论体育管理体制与中国体育管理体制改革［J］. 北京体育大学学报，1995（1）.

［71］钟秉枢. 教练员的工作目标与角色定位［J］. 中国体育教练员，2003（4）.

［72］柳建庆. 中国职业篮球联赛外籍教练员流动现象探析［J］. 湖北体育科技，2011，30（2）：132.

［73］2012—2013CBA 联赛商务推广规定. 2012—2013 中国男子篮球职业联赛官方手册［Z］. 北京：中国篮球协会.

［74］2010 年第六次全国人口普查主要数据公报（第 1 号）。

［75］谢琼桓. 从可持续发展的角度看体育的现状和未来［J］. 体育文史，1999（1）.

［76］许小虎. 论企业战略目标体系的构建［J］. 华东经济管理，2001（4）.

［77］王立民. 论我国男子篮球的战略目标及技术对抗训练原则［J］. 武汉体育学院学报. 2003（2）.

［78］国家体育总局. 体育事业发展“十二五”规划［Z］. 2011.

［79］郑莉. 新浪盈利模式研究［D］. 厦门：厦门大学，2007.

［80］李晨宇. 中国社交网站盈利模式的可持续性分析［D］. 北京：中国政法大学，2011.

［81］陈树华，许永刚，王恒同. CBA 联赛电视转播权营销与市场开发［J］. 体育学刊，2003（6）.

［82］师灿斌. 中国男子职业篮球联赛发展路径的研究［D］. 上海：上海体育学院，2009.

［83］张科. 美国职业篮球联盟（NBA）商业模式对中国职业篮球（CBA）商业化运作的启示［D］. 成都：西南财经大学，2011.

［84］贾志强. 新时期我国体育管理体制与运行机制研究［J］. 北京体育大学学报，2007（9）.

［85］崔杰. 企业战略资源的评估［J］. 中外企业家，2004（6）.

［86］卡拉克·J. 米勒，王报换，崔存明. 政府在企业与科技发展中的作用：可供中国参考的几种思路［J］. 国外理论动态，2006（7）.

［87］廖圣清. 20 世纪 90 年代西方大众传播学研究［D］. 上海：复旦大学，2003.

［88］张文健. 职业体育俱乐部向现代公司制转化的趋势［J］. 上海：上海体育学院学报，2006（3）.

［89］关涛. 中国土地资源配置与可持续发展研究［D］. 哈尔滨：东北农业大学，2002.

［90］张超. 铁路信息服务企业战略资源配置方法的研究［D］. 北京：北京交通大学，2007.

［91］刘平江. 体育俱乐部的经营与管理［M］. 北京：北京航空航天大学出版社，2009.

［92］杨年松. 职业竞技体育经济分析与制度安排［M］. 北京：经济管理出版社，2006.

［93］魏磊. CBA 与 NBA 赛制、市场、文化的比较研究［D］. 苏州：苏州大学，2008.

［94］原磊. 商业模式体系重构［J］. 中国工业经济，2007（6）.

［95］FORTUNATO J A. Public relations strategies for creating mass media content：A case study of the National Basketball Association［J］. Public relations review，2000，26（4）.

［96］FORTUNATO J A. The television framing methods of the National Basketball Association：An agenda – setting application［J］. Atlantic journal of communication，2001，9（2）.

［97］HAMEL G. Leading the revolution［M］. Boston：Harvard Business Review Press，2002.

［98］STÄHLER P. Business models as an unit of analysis for strategizing［EB/OL］.（2002 – 09 – 30）［2018 – 10 – 11］. http：//www. hec. unil. ch/aosterwa/Documents/workshop/Draft_ Staehler. pdf.

［99］AFUAH A. Business models：a strategic management approach［M］. New York：McGraw – Hill Higher Education，2003.

［100］CHESBROUGH H. Managing open innovation［J］. Research – technology management，2004，47（1）.

［101］BETZ F. Strategic business models［J］. Engineering management journal，2002，14（1）.

后　记

在三年的博士生涯中，有太多的人需要感谢，有太多的事让我感动。首先要感谢我的导师李颖川教授，他严谨的治学态度和宽以待人的长者风范，使我在学术和做人方面受益匪浅；其次要感谢北京体育大学研究生院、教育学院、篮球教研室等院室的各位老师给予我的关怀和帮助，使我不断地吸纳和了解中国体育更多的前沿知识，丰富自己所学专业的知识。

在本文写作和调研过程中，感谢导师对我的指导、支持和理解，感谢李元伟教授、国家体育总局篮球运动管理中心白喜林主任和肖红安老师及我国各个职业篮球俱乐部的总经理和教练员在调研中给予我的帮助，感谢北京体育大学管理学院的袁旦老师、何世权老师和王莉老师对我的大力支持和帮助。

感谢我的家人，谢谢你们一直以来给予我无私的关怀和鼓励，使我顺利并快乐地度过漫长的学习生涯；感谢我的同学和朋友们，谢谢你们陪伴我度过快乐的读书生活。

千言万语，也无法表达我对导师、北京体育大学的老师、我的亲人和朋友的感谢，我只能再次说声“感谢你们!”，你们的情谊我永远不会忘记！我爱你们！

李焓铷

2013 年 2 月 3 日